아랍어 첫걸음

الخطوات الأولى
للغة العربية

아랍어 첫걸음

| 윤은경 지음 |

HU:iNE

머리말

언어 분류 상 셈어족에 속하는 아랍어는 서아시아 및 북부 아프리카에 위치한 22개 아랍국가에서 모국어 또는 공용어로 사용되는 언어이다. 즉, 이집트, 수단, 리비아, 모로코, 알제리, 튀니지, 모리타니아, 지부티, 소말리아, 코모로 군도 등의 북아프리카 국가와 사우디아라비아, 오만, 아랍에미리트, 바레인, 카타르, 쿠웨이트, 예멘 등의 아라비아 반도 국가, 이라크, 요르단, 레바논, 시리아, 팔레스타인 등 이른바 '비옥한 초생달 지역(Al-Hilaal)'에서 약 3억의 인구가 아랍어를 모국어 또는 공용어로 사용하고 있다. 또한 아랍어는 국제 연합(UN)의 6개 공용어 이자 아프리카 통합 기구(OAU)의 공식 회의어이며, 이슬람 연맹에 가입된 약 60여개 이슬람 국가뿐 아니라 전 세계 13억 이상의 무슬림들이 예배어로 사용하는 언어이다.

전 세계 13억에 달하는 무슬림들이, 본인의 모어와 국적에 관계없이 예배를 드릴 때 아랍어로 예배를 드리고 있다는 사실은 이슬람교와 아랍어의 밀접한 관계를 설명하고 있다. 아랍인들과 무슬림들에게 이슬람교는 종교이기 이전에 그들의 삶의 방식이고 철학이다. 따라서 이슬람교의 교리를 담고 있는 코란과 코란을 기록한 언어인 아랍어에 대한 아랍인들의 경외심은 비(非)아랍인이나 비(非)무슬림들의 상상을 뛰어 넘는다. 이는 아랍인들의 정신세계를 받치고 있는 기둥 중의 한 가지가 아랍어라는 점에서도 확인되고 있다.

한국과 아랍 세계 간의 관계는 역사적으로 유래가 깊다. 이러한 과거의 역사적 사실과 오늘날 아랍 세계와 우리나라의 관계를 조명해 볼 때, 보다 객관적이고 정확한 시각에서의 아랍어 및 아랍 문화에 대한 총체적 접근 및 이해가 필요하다고 볼 수 있다.

최근 한국과 아랍 세계 간의 다방면 교류 증가로 인해 아랍어와 아랍문화에 대한 국내 학습자들의 관심이 늘어나면서 다양한 학습 자료의 필요성 또한 증가하고 있다. 이러한 중요성을 감안하여, 본 저서는 아랍어에 처음 입문하는 초보자들이 보다 쉽게 아랍어를 학습할 수 있도록, 아랍어의 자음과 모음, 주요 발음 부호에 대한 기본적인 설명과 더불어 일상생활에서 벌이지는 다양한 상황 별 필수 어휘와 주요 표현의 학습에 중점을 두었다. 본 저서가 학습자들로 하여금 아랍어 학습에 대한 관심과 흥미를 갖게 하여 읽기, 쓰기, 말하기, 듣기 등 기본적인 아랍어 구사 능력을 효율적으로 학습하는데 도움이 되기를 바란다.

2017. 2

저자 윤은경

Contents

제1과

اَلْحُرُوفُ الأَبْجَدِيَّةُ الْعَرَبِيَّةُ (1)

아랍어 자음(1)

학습 목표

- 아랍어 자음 28개 중 14개 독립형에 대한 이해
  아랍어 자음 14개 어두, 어중, 어말형에 대한 이해

아랍어 자음 1부

명칭	아랍어 자음	발음 기호
'alif	ا	A
Hamzah	ء	ʔ / '
Bā'	ب	b
Tā'	ت	t
Thā'	ث	th
Jīm	ج	j
Ḥā'	ح	ḥ
Khā'	خ	kh
Dāl	د	d
Dhāl	ذ	dh

명칭	아랍어 자음	발음 기호
Rā'	ر	r
Zāy	ز	z
Sīn	س	s
Shīn	ش	sh
Ṣād	ص	ṣ
Ḍād	ض	ḍ
Ṭā'	ط	ṭ
Ẓā'	ظ	ẓ
'ayn	ع	ʕ / '
Ghayn	غ	gh
Fā'	ف	f
Qāf	ق	q
Kāf	ك	k
Lām	ل	l
Mīm	م	m
Nūn	ن	n
Hā'	ه	h
Wāw	و	w
Yā'	ي	y

본문

명칭	어말형	어중형	어두형	독립형
'alif	ـا	ـا	ا	ا
Hamzah				ء
Bā'	ـب	ـبـ	بـ	ب
Tā'	ـت	ـتـ	تـ	ت
Thā'	ـث	ـثـ	ثـ	ث
Jīm	ـج	ـجـ	جـ	ج
Hā'	ـح	ـحـ	حـ	ح
Khā'	ـخ	ـخـ	خـ	خ
Dāl	ـد	ـد	د	د
Dhāl	ـذ	ـذ	ذ	ذ
Rā'	ـر	ـر	ر	ر
Zāy	ـز	ـز	ز	ز
Sīn	ـس	ـسـ	سـ	س
Shīn	ـش	ـشـ	شـ	ش

문법

1 아랍어 자음에 대한 이해

언어 분류상 셈어족에 속하는 아랍어는 자음 28개와 단모음 3개, 장모음 3개, 이중모음 2개 등 8개의 모음을 서로 조합하여 읽고 쓰는 언어이다. 아랍어는 단어의 대부분이 세 개의 어근 자음으로 이루어져 있으며 이 어근을 중심으로 여러 가지 접사가 붙어 파생어휘들을 만들어 낸다는 점과 단어의 남성, 여성 구분이 있다는 점이 특징이다. 또한 아랍어는 굴절어로서 명사는 문장에서의 역할에 따라 주격, 소유격, 목적격으로 어미 변화하며, 동사 역시 주어의 인칭, 성, 수에 따라 활용한다.

지금 우리가 사용하는 아랍어는 이른바 현대표준아랍어(Modern Standard Arabic)로서 고전아랍어(Classical Arabic)와는 어느 정도 차이가 있으며 아랍인들이 일상생활의 대화에서 사용하는 구어체 아랍어와도 차이가 있다. 아랍어 자음의 쓰기 체계는 다음과 같은 특징이 있다.

1) 자음은 오른쪽에서 왼쪽으로 쓰고 읽는다.

كتب محمد كتابا.

درست فاطمة كتابا.

2) 자음은 서로 연결해서 쓰는 것이 원칙이다. 단, 다음의 6개 자음(ا , د , ذ , ر , ز , و)은 바로 뒤에 오는 자음과 연결해서 쓰지 않는다.

ب + ش + ر = بشر

د + ر + س = درس

3) 자음은 단어 내에서 위치에 따라 쓰는 형태가 다르다. 단독 또는 연결하지 않는 자음 바로 뒤에 올 때 사용되는 독립형을 비롯하여 단어의 맨 앞에 위치할 때 쓰이는 어두형, 중간에 위치할 때는 어중형, 단어의 마지막에 올 때 쓰이는 어말형 등 4가지 형태로 쓰인다.

연결된 형태	어말형	어중형	어두형	독립형
ببب	ـب	ـبـ	بـ	ب
سسس	ـس	ـسـ	سـ	س

4) 아랍어 첫번째 자음 '알리프함자(أ)는 자음 '알리프(ا)' 위에 자음 '함자(ء)'가 결합된 형태이다. 함자는 단어에 따라 단독으로 사용되기도 하고, 단어 내의 위치에 따라 여러 가지 형태의 받침과 함께 쓰이기도 한다.

함자받침	단어
أ	أب
ئ	قارئ
ـئـ	بِئْرٌ
ء	حذاء
ؤ	سؤال

듣기

• 아랍어 자음 14개 명칭 들어보기

명칭	아랍어 자음	발음 기호
'alif	ا	A
Hamzah	ء	ʔ / '
Bā'	ب	b
Tā'	ت	t
Thā'	ث	th
Jīm	ج	j
Ḥā'	ح	ḥ
Khā'	خ	kh
Dāl	د	d
Dhāl	ذ	dh
Rā'	ر	r
Zāy	ز	z
Sīn	س	s
Shīn	ش	sh

연습문제(정답은 본문 참조)

문제 1 아랍어 자음 명칭을 듣고 독립형과 어두, 어중, 어말형을 써보시오.

명칭	어말형	어중형	어두형	독립형
'alif				
Hamzah				
Bā'				
Tā'				
Thā'				
Jīm				
Hā'				
Khā'				
Dāl				
Dhāl				
Rā'				
Zāy				
Sīn				
Shīn				

문제 2 다음 철자를 연결하여 쓰시오.

1) ش + ر + ب ←

2) أ + ج + ب ←

3) ح + د + ث ←

4) ا + د + ر + س ←

5) أ + س + ت + ا + ذ ←

6) ت + ب + ش + ر ←

제2과

اَلْحُرُوفُ الْأَبْجَدِيَّةُ الْعَرَبِيَّةُ (2)

아랍어 자음(2)

학습 목표

- 아랍어 자음 28개 중 14개 독립형에 대한 이해
  아랍어 자음 14개 어두, 어중, 어말형에 대한 이해

아랍어 자음 2부

명칭	아랍어 자음	발음 기호
ṣād	ص	ṣ
ḍād	ض	ḍ
ṭā'	ط	ṭ
ẓā'	ظ	ẓ
'ayn	ع	ʕ / '
Ghayn	غ	gh
Fā'	ف	f
Qāf	ق	q
Kāf	ك	k
Lām	ل	l

명칭	아랍어 자음	발음 기호
Mīm	م	m
Nūn	ن	n
Hā'	ه	h
Wāw	و	w
Yā'	ي	y

본문

명칭	어말형	어중형	어두형	독립형
ṣād	ـص	ـصـ	صـ	ص
ḍād	ـض	ـضـ	ضـ	ض
ṭā’	ـط	ـطـ	طـ	ط
ẓā’	ـظ	ـظـ	ظـ	ظ
ʕayn	ـع	ـعـ	عـ	ع
Ghayn	ـغ	ـغـ	غـ	غ
Fā’	ـف	ـفـ	فـ	ف
Qāf	ـق	ـقـ	قـ	ق
Kāf	ـك	ـكـ	كـ	ك
Lām	ـل	ـلـ	لـ	ل
Mīm	ـم	ـمـ	مـ	م
Nūn	ـن	ـنـ	نـ	ن
Hā’	ـه	ـهـ	هـ	ه
Wāw	ـو	ـو	و	و
Yā’	ـي	ـيـ	يـ	ي

문법

1 아랍어 자음에 대한 이해

언어 분류상 셈어족에 속하는 아랍어는 자음 28개와 단모음 3개, 장모음 3개, 이중모음 2개 등 8개의 모음을 서로 조합하여 읽고 쓰는 언어이다.

1) 자음은 오른쪽에서 왼쪽으로 쓰고 읽는다.(셈어의 특징)

درست ليلى كتابا.

كتب سمير مقالا.

2) 자음은 서로 연결해서 쓰는 것이 원칙이다. 단, 다음의 6개 자음(و , ز , ر , ذ , د , ا) 은 바로 뒤에 오는 자음과 연결해서 쓰지 않는다.

و + ر + د = ورد

ذ + ي + ل = ذيل

ن + و + ر = نور

3) 자음은 단어 내에서 위치에 따라 쓰는 형태가 다른데, 단독 또는 연결하지 않는 자음 바로 뒤에 올 때 사용되는 독립형을 비롯하여 단어의 맨 앞에 위치할 때 쓰이는 어두형, 중간에 위치할 때는 어중형, 단어의 마지막에 올 때 쓰이는 어말형 등 4가지 형태로 쓰인다.

연결된 형태	어말형	어중형	어두형	독립형
صصص	ـص	ـصـ	صـ	ص
ظظظ	ـظ	ـظـ	ظـ	ظ
ععع	ـع	ـعـ	عـ	ع
ههه	ـه	ـهـ	هـ	ه

듣기

• 아랍어 자음 14개 명칭 들어보기

명칭	아랍어 자음	발음 기호
ṣād	ص	ṣ
ḍād	ض	ḍ
ṭā’	ط	ṭ
ẓā’	ظ	ẓ
ʕayn	ع	ʕ / ‘
Ghayn	غ	gh
Fā’	ف	f
Qāf	ق	q
Kāf	ك	k
Lām	ل	l
Mīm	م	m
Nūn	ن	n
Hā’	ه	h
Wāw	و	w
Yā’	ي	y

연습문제 (정답은 본문참조)

문제 1 아랍어 자음 명칭을 듣고 독립형과 어두, 어중, 어말형을 써보시오.

명칭	어말형	어중형	어두형	독립형
ṣād				
ḍād				
ṭā'				
ẓā'				
ʕayn				
Ghayn				
Fā'				
Qāf				
Kāf				
Lām				
Mīm				
Nūn				
Hā'				
Wāw				
Yā'				

문제 2 다음 철자를 연결하여 쓰시오.

1) ك + ي + ف ←

2) ق + ل + م ←

3) م + ا + ذ + ا ←

4) و + ا + ج + ب ←

5) ص + غ + ي + ر ←

6) ص + ن + د + و + ق ←

제3과

اَلْحَرَكَاتُ الْعَرَبِيَّةُ

아랍어 모음

학습 목표

- **아랍어 단모음에 대한 이해**
  아랍어 장모음에 대한 이해
  아랍어 이중모음에 대한 이해

아랍어 모음

아랍어 모음에는 3개의 단모음과 3개의 장모음, 그리고 2개의 이중모음이 있다.

1) 단모음

종류	부호
[a]	ـَ
[i]	ـِ
[u]	ـُ

2) 장모음

종류	부호
[ā]	ـَا
[ī]	ـِي
[ū]	ـُو

3) 이중모음

종류	부호
[ay]	ـَيْ
[aw]	ـَوْ

4) 수쿤(اَلسُّكُونُ)

'수쿤'은 자음이 모음을 갖지 않는 상태를 나타낼 때 사용되는 부호로 자음 위에 ....ْ.... (작은 원 모양)로 표기한다.

부호	예
ـْ	بْ [b] دْ [d] كْ [k]

본문

발음	단어
ʾalif	أَلِف
bāb	بَاب
Dāl	دَال
Jīm	جِيم
ṣād	صَاد
ʕayn	عَيْن
Qāf	قَاف
Lām	لَام
Mīm	مِيم
Nūn	نُون
Wāw	وَاو
bayt	بَيْت
Yawm	يَوْم
nūr	نُور
khayr	خَيْر
nawm	نَوْم

문법

1 아랍어 단모음에 대한 이해

아랍어 단모음은 /a/,/u/, /i/ 3가지가 있다. 단모음 /a/는 자음 위에 ـَــ, /u/는 자음 위에 ـُــ, [i]는 자음 아래 ـِــ에 표시한다.

① اَلْفَتْحَة (al-fathah) ـَــ /a/

<보기> بَ/ba/, دَ/da/, مَ/ma/, يَ/ya/

② اَلضَّمَّة (al-dammah) ـُــ /u/

<보기> تُ/tu/, رُ/ru/, سُ/su/, كُ/ku/

③ اَلْكَسْرَة (al-kasrah) ـِــ /i/

<보기> زِ/zi/, لِ/li/, نِ/ni/, هِ/hi/

2 아랍어 장모음에 대한 이해

아랍어 장모음은 /ā/, /ū/, /ī / 3가지가 있다. 장모음 / ā /는 자음 뒤에 alif를 써서 ـَا, / ū /는 자음 뒤에 wāw를 써서 ـُو, [ī] 는 자음 뒤에 yā'를 써서 ـِي 로 표기한다.

① ـَا /ā/

<보기> بَابٌ/bābun/, كِتَابٌ/kitābun/, مَا/mā/

* 비고 : لا = ا + ل

② ـــُو /ū /

<보기> صُورَةٌ/ṣūratun/, فُطُورٌ/fuṭūrun/, نُورٌ/nūrun/

③ ـــِي /ī /

<보기> تِلْمِيذٌ/tilmīdhun/, حَدِيقَةٌ/ḥadīqatun/, صَدِيقٌ/ṣadīqun/

3 이중 모음에 대한 이해

이중 모음은 /ay/ 와 /aw/ 두 개가 있다. [a] 모음 뒤의 약자음이 모음을 갖지 않을 때 이중모음이 되는데, [ay] 는 ـَيْ, [aw] 는 ـــَوْ 로 표기된다.

① ـَيْ /ay/

<보기> بَيْتٌ/baytun/, عَيْنٌ/ʕaynun/, خَيْرٌ/khayrun/

② ـــَوْ /aw/

<보기> يَوْمٌ/yawmun/, ثَوْرٌ/thawrun/, شَوْكٌ/shawkun/

듣기

발음	단어
ʾalif	أَلِف
bāb	بَاب
Dāl	دَال
Jīm	جِيم
ṣād	صَادْ
ʕayn	عَيْن
Qāf	قَاف
Lām	لَام
Mīm	مِيم
Nūn	نُون
Wāw	وَاو
bayt	بَيْت
Yawm	يَوْم
nūr	نُور
khayr	خَيْر
nawm	نَوْم

연습문제 (정답은 본문참조)

문제 1 발음을 듣고 아랍어 단어를 써보시오.

'alif	
bayt	
nawm	
yawm	
Khayr	
bāb	
nūr	
Lām	
Mīm	
Wāw	
Yā'	
bāb	
Dāl	
Jīm	
Nūn	
Wāw	

bayt	
Yawm	
nūr	
khayr	
nawm	

문제 2 다음 철자를 연결하여 쓰시오.

1) ط + ا + ل + ب ←

2) ت + ل + م + ي + ذ ←

3) ق + ا + م + و + س ←

4) ط + و + ي + ل ←

5) م + د + ر + س ←

6) ج + ا + م + ع + ي ←

제4과

اَلْحُرُوفُ الشَّمْسِيَّةُ وَالْقَمَرِيَّةُ

태양문자와 월문자

학습 목표

- **발음부호 및 태양문자와 월문자에 대한 이해**
  명사의 한정과 비한정 상태
  명사의 성 , 수, 격

주요 발음 부호

아랍어 낱말을 정확하게 읽기 위해서 다음과 같은 발음 부호를 사용한다.

1. 샷다 (اَلشَّدَّةُ) ـّـ

동일한 두 개의 자음이 겹쳐 있음을 나타낸다. 이때 주의할 것은 앞의 자음에는 모음이 없고, 뒤의 자음에는 모임이 있을 때만 '샷다'를 사용한다는 점이다.

<보기>

دَرْرَسَ ← دَرَّسَ
عَلْلَمَ ← عَلَّمَ

* 동일한 자음이 두 번 겹치는 경우라도 앞의 자음이 모음을 가지면 '샷다'로 표기하지 않는다.

2. 맛다 (اَلْمَدَّةُ) آ

두 개의 알리프(ا)가 연이어 올 경우 사용된다.

<보기>

أَأْمَنَ ← آمَنَ
أَأْكُلُ ← آكُلُ

3. 탄윈 (اَلتَّنْوِينُ) : ـٌ(un, 주격), ـً(an, 목적격), ـٍ(in, 소유격)

'탄윈'은 명사, 형용사 등의 어미 모음에 표기되며, 어말에 /n/음을 부가하는 발음 부호이다. 한정되지 않는 명사나 형용사의 격을 나타낸다.

<보기> كِتَابٌ، كِتَابًا، كِتَابٍ

* 탄윈 /an/은 다음의 세 가지 경우를 제외하고 단어의 마지막에 '알리프'가 첨가된다. 이때 첨가된 알리프는 음가가 없고 단순히 형태 표현을 위한 서식으로 사용된다. (예: كِتَابًا ، جَدِيدًا)

① 어말이 타마르부타(ة)로 끝나는 단어: جَامِعَةً, طَالِبَةً

② 어말이 알리프막수라(ى)로 끝나는 단어: حُمًّى, مُرَبًّى

③ 장모음 뒤에 함자로 끝나는 단어: حِذَاءً , مَاءً

4. 타마르부타 (تَاءٌ مَرْبُوطَةٌ) : ة

명사나 형용사에 덧붙이는 여성형 어미로, ت 와 같은/t/발음이다. 타마르부타 앞의 자음은 항상 /a/ 모음을 갖는다.

<보기>
طَالِبٌ ← طَالِبَةٌ
مُدَرِّسٌ ← مُدَرِّسَةٌ

5. 태양문자와 월문자

아랍어의 28개 자음은 14개의 태양문자와 14개의 월문자로 구분된다. 자음이 태양문자에 속하는지 월문자에 속하는지 구분하는 방법은, 자음을 발음할 때 혀가 입안에서 앞뒤 혹은 위아래로 움직이면 태양문자이고, 입안에서 혀가 앞뒤로 움직일 필요 없이 발화되면 월문자이다.

태양문자	ت، ث، د، ذ، ر، ز، س، ش، ص، ض، ط، ظ، ل، ن
월문자	أ، ب، ج، ح، خ، ع، غ، ف، ق، ك، م، ه، و، ي

① 태양문자: 태양문자로 시작하는 낱말 앞에 정관사 اَلْ이 오면 정관사의 لْ은 발음되지 않는다. لْ 은 태양 문자에 동화되며, 그 태양 문자에 '샷다'를 두어 발음한다.

<보기>

اَلْ + رَجُلٌ ← اَلرَّجُلُ (ar rajulu)

اَلْ + شَمْسٌ ← اَلشَّمْسُ (ash shamsu)

② 월문자: 월문자로 시작하는 낱말에 정관사 اَلْ이 놓이면 음의 변화가 없다.

<보기>

اَلْ + كِتَابٌ ← اَلْكِتَابُ (al kitābu)

اَلْ + قَمَرٌ ← اَلْقَمَرُ (al qamaru)

문법

1 명사의 한정과 비한정

아랍어 명사나 형용사는 문장 안에서 '한정' 또는 '비한정' 상태가 된다. 일반적으로 비한정 상태는 명사 앞에 정관사(اَلْ)가 없는 상황에서 마지막 모음에 '탄윈'이 오는 경우를 말한다 (예: بَيْتٌ baytun).

반면 '한정 상태'는 비한정 상태의 명사 앞에 정관사 (اَلْ)가 붙거나 또는 고유명사, 인칭대명사, 지시대명사 등 일부 명사의 경우 정관사가 없이도 그 자체가 한정명사로 분류되는 경우도 있다. 즉 한정 상태의 명사는 다음과 같은 경우이다.

1) 정관사가 붙은 단어: اَلْبيتُ (그 집), اَلْجَامِعَةُ (그 대학교)

2) 고유명사: 국가명, 도시명, 인명(여자이름), 지명 등

بَيْرُوتُ(베이루트), مِصْرُ(이집트), كُورِيَا(한국), نَبِيلَةُ(나빌라, 여성이름)

3) 인칭대명사

أَنَا (나), أَنْتَ (당신/남성), أَنْتِ (당신/여성), هُوَ (그), هِيَ (그녀)

4) 지시대명사

هٰذَا (이것 /남성), هٰذِهِ (이것/여성), ذٰلِكَ (저것/남성), تِلْكَ (저것/여성)

2 명사의 성, 수, 격

1) 성

아랍어의 명사는 남성과 여성으로 구분된다. 일부 명사는 남성과 여성 두 가지 성을 모두 가지는 경우도 있다. 아랍어에서 여성명사는 다음과 같은 경우이며, 이 외에는 모두 남성명사로 쓰인다.

① 의미상 여성: 여자 이름 또는 고유의 의미가 여성을 나타내는 명사

لَيْلَى(라일라, 여자이름) أُمٌّ(어머니) بِنْتٌ(소녀) عَرُوسٌ(신부)

② 형태상 여성: 타마르부타가 붙은 명사(일부 명사 제외)

مَدْرَسَةٌ(학교) حَقِيبَةٌ(가방) جَدَّةٌ(할머니) مُدَرِّسَةٌ(여선생님)

* '칼리프'를 의미하는 단어 خَلِيفَةٌ은 타마르부타가 붙은 명사이지만 남성 명사이다.

③ 관습상 여성: 고유명사(지명, 국가명), 신체 부위 중 짝을 이루는 부위의 명사, 관용적으로 여성으로 취급되는 명사

سُورِيَا(시리아) عَيْنٌ(눈) قَدَمٌ(발) شَمْسٌ(태양)

2) 수

아랍어 명사의 수는 단수, 쌍수(양수), 복수로 나뉜다. 단수명사는 주로 '탄윈'을 가지며, 쌍수명사는 종종 '양수 명사'라는 용어로도 사용되는데, 현대 아랍어에서는 문법의 난해함으로 인해 쌍수(양수) 명사를 잘 사용하지 않는다. 한편 복수명사는 규칙복수 형태와 불규칙 복수 형태로 나뉜다. 규칙복수는 명사의 어말에 고유한 형태소를 붙여 만든다. 불규칙 복수는 명사마다 다르므로 각 단어 별로 주의하여 학습하여야 한다.

3) 격

아랍어 명사는 문장 내에서의 역할과 기능에 따라 '격'을 가진다. 격의 종류는 주격(주어, 술어), 목적격(목적어, 일부 부사어), 소유격(전치사의 목적격, 연결형의 제2요소) 등 3격으로 구분된다.

격은 주로 명사 어말에 단모음 3개를 활용해서 표시하며, 일부 명사(2격명사, 알리프와 알리프막수라로 끝나는 명사, 일부 전치사, 접속사, 부사)의 경우 그 변화가 제한적이거나 변화하지 않는다.

격	의미	한정 상태	의미	비한정 상태
주격/u/	그 소년이	اَلْوَلَدُ al-waladu	한 소년이	وَلَدٌ waladun
소유격/i/	그 소년의	اَلْوَلَدِ al-waladi	한 소년의	وَلَدٍ waladin
목적격/a/	그 소년을	اَلْوَلَدَ al-walada	한 소년을	وَلَدًا waladan

* 2격명사는 정관사가 없는 상태에서도 탄윈 /n/을 갖지 않는 명사로 주격에서는 /u/, 목적격과 소유격에서 /a/ 모음 즉, 두 개의 격 모음만 갖는 명사이다. 2격명사에는 고유명사(지명, 국명, 여자이름), 일부 불규칙복수 등이 있다.

예 مِصْرُ(이집트) بَيْرُوتُ(베이루트) هِنْدُ(힌드, 여성이름) حَقَائِبُ(가방들)

연습문제

문제 1 다음 단어들을 3격 변화 시키시오.

목적격	소유격	주격	
بَيْتًا	بَيْتٍ	بَيْتٌ	بَيْتٌ
			دَرْسٌ
			خَبَرٌ
			دِرَاسَةٌ
			صَدِيقٌ
			فَرِيقٌ
			زَيْتٌ
			قَمَرٌ
			جَامِعَةٌ

문제 2 다음 단어들을 3격 변화 시키시오.

목적격	소유격	주격	بَرِيدٌ
اَلْبَرِيدَ	اَلْبَرِيدِ	اَلْبَرِيدُ	
			زُبْدٌ
			رَجُلٌ
			شَمْسٌ
			صُورَةٌ
			غُرْفَةٌ
			لَيْلَةٌ
			مَطَارٌ
			يَوْمٌ

문제 3 〈보기〉와 같이 발음을 듣고 아랍어 단어를 쓰고, 그 단어의 성과 격을 써 보시오.

<보기> bābun	بَابٌ	남성명사, 주격
darsan		
shamsin		
kitābun		
qahwatan		
waraqatin		
miṣru		
waladun		
ʾumin		
qamarun		

제5과

اَلسَّلَامُ عَلَيْكُمْ

안녕하세요

학습 목표

• 기본 인사 표현
  인칭대명사에 대한 이해

어휘

اَلدَّرْسُ	(그) 과
اَلْخَامِسُ	제5의, 다섯 번째의
سَلَامٌ	평화
اَلسَّلَامُ عَلَيْكُمْ	안녕하세요(당신에게 평화가 있기를)
وَ	그리고, ~와 (접속사)
وَعَلَيْكُمُ السَّلَامْ	안녕하세요(اَلسَّلَامُ عَلَيْكُمْ 에 대한 응답)
اِسْمٌ	이름
اِسْمِي	나의 이름
اِسْمُكَ	당신(남)의 이름(اِسْمُكِ: 당신(여)의 이름)
مَا	무엇(의문사)
كَيْفَ	어떻게(의문사)
حَالُ	상태
بِخَيْرٍ	잘 시냅니다
اَللهُ	알라
صَبَاحَ الْخَيْرِ	좋은 아침입니다
صَبَاحَ النُّورِ	좋은 아침입니다(صَبَاحَ الْخَيْرِ에 대한 대답)

مَسَاءَ الْخَيْرِ	좋은 저녁입니다
مَسَاءَ النُّورِ	좋은 저녁입니다(مَسَاءَ الْخَيْرِ에 대한 대답)
مَعَ السَّلَامَةِ	안녕히 가세요
إِلَى اللِّقَاءِ	또 만나요

본문

مُحَمَّدٌ : السَّلَامُ عَلَيْكُم.

안녕하세요.

فَاطِمَةُ : وَعَلَيْكُمُ السَّلَامُ.

안녕하세요.

مُحَمَّدٌ : صَبَاحَ الْخَيْرِ.

좋은 아침입니다.

فاطمة : صَبَاحَ النُّورِ.

좋은 아침입니다.

مُحَمَّدٌ : اِسْمِي مُحَمَّدٌ، مَا اِسْمُكِ؟

제 이름은 무함마드입니다. 당신의 이름은 무엇입니까?

فَاطِمَةُ : اِسْمِي فَاطِمَةُ.

제 이름은 파티마입니다.

مُحَمَّدٌ : كَيْفَ حَالُكِ؟

어떻게 지내세요?

فَاطِمَةُ : أَنَا بِخَيْرٍ، وَالْحَمْدُ للهِ. وَكَيْفَ حَالُكَ؟

저는 잘 지냅니다. 덕분에(알라에게 찬양을). 당신은 어떻게 지내세요?

مُحَمَّدٌ : بِخَيْرٍ، وَالْحَمْدُ للهِ.

잘 지냅니다. 덕분에.

فَاطِمَةُ : مَعَ السَّلَامَةِ.

안녕히 가세요.

مُحَمَّدٌ: إِلَى اللِّقَاءِ.

또 만나요.

문법

1 인칭대명사

아랍어 인칭 대명사는 독립인칭대명사와 접미인칭대명사로 나뉜다. 독립인칭대명사는 항상 단독으로 사용되고 문장의 주어로 사용된다. 접미인칭대명사는 주로 명사, 동사, 전치사 등의 뒤에 연결된 형태로 사용된다.

1) 독립인칭대명사

독립인칭대명사는 인칭, 성, 수에 따라 다음과 같이 다양하게 사용된다. 1인칭 단수, 복수 인칭대명사는 남성과 여성의 구분 없이 공통으로 사용된다.

인칭·성 / 수	1(공통)	2인칭(여성)	2인칭(남성)	3인칭(여성)	3인칭(남성)
단수	أَنَا 나(는)	أَنْتِ 당신(은)	أَنْتَ 당신(은)	هِيَ 그녀(는)	هُوَ 그(는)
복수	نَحْنُ 우리(는)	أَنْتُنَّ 당신들(은)	أَنْتُمْ 당신들(은)	هُنَّ 그녀들(은)	هُمْ 그들(은)

나는 학생입니다.	أَنَا طَالِبٌ.
그는 잘 지냅니다.	هُوَ بِخَيْرٍ.
그녀는 선생님입니다.	هِيَ مُدَرِّسَةٌ.

2) 접미인칭대명사

접미인칭대명사는 명사나 동사, 전치사 뒤에 연결 되어 사용된다. 명사 뒤에 접미될 경우 소유 관계를 나타낸다. 동사나 전치사에 접미 될 때는 목적어로 사용된다. 인칭, 성, 수에 따른 접미인칭대명사의 변화는 다음과 같다.

인칭·성 / 수	1(공통)	2인칭(여성)	2인칭(남성)	3인칭(여성)	3인칭(남성)
단수	ـي(ـنِي) 나의	ـكِ 너의(당신의)	ـكَ 너의(당신의)	ـهَا 그녀의	ـهُ 그의
복수	ـنَا 우리의	ـكُنَّ 당신들의	ـكُمْ 당신들의	ـهُنَّ 그녀들의	ـهُمْ 그들의

나의 친구는 집에 있다. صَدِيقِي فِي الْبَيْتِ.

당신들에게 평화가 있기를 빕니다. اَلسَّلَامُ عَلَيْكُمْ.

당신들은 어떻게 지내시나요(당신들의 컨디션은 어떤가요)? كَيْفَ حَالُكُمْ؟

듣기 (정답은 본문 참조)

1

2

3

4

5

6

7

8

9

10

11

쓰기

1 안녕하세요(평화가 당신과 함께 하길 빕니다). (عليكم، السلام)

2 당신(남성)은 어떻게 지내세요? (حالكَ، كيف)

3 저는 잘 지냅니다, 덕분에(알라에게 찬양을). (بخير ، أنا ، لله ، والحمد)

4 당신(여성)의 이름은 무엇인가요? (اسمكِ، ما)

5 좋은 아침입니다. (الخير ، صباح)

회화 테스트

1 السلام عليكم؟

안녕하십니까?

2 اِسْمِي كريمٌ.

제 이름은 카림입니다.

3 وَمَا اسْمُكِ؟

그리고 당신(여성)의 이름은 무엇입니까?

4 مَعَ السَّلَامَةِ.

안녕히 가세요.

5 إِلَى اللِّقَاءِ.

또 만나요.

연습문제

다음 문장을 듣고 그에 대해 답하시오.

문제 1 ______________ . السلام عليكم.

문제 2 ______________ . صباح الخير.

문제 3 ______________ . كيف حالك؟

문제 4 빈칸에 들어갈 말로 알맞은 것을 고르시오.

A : صَبَاحَ الْخَيْرْ.

B : صَبَاحَ النُّور.

A : اِسْمِي مُحَمَّدٌ. ______________ ؟

B : اِسْمِي لَيْلَى.

① مَا اِسْمُكَ ② مَا اِسْمُكِ ③ مَا اِسْمُهُ ④ مَا اِسْمُهَا

문제 5 빈칸에 들어갈 말로 알맞은 것을 고르시오.

A : ________________.

B : مَسَاءَ النُّور.

A : كَيْفَ حَالُكِ؟

B : أَنَا بِخَيْرٍ، وَالْحَمْدُ للهِ.

① اَلسَّلَامُ عَلَيْكُم　② صَبَاحَ الْخَيْر

③ مَسَاءَ الْخَيْر　④ مَعَ السَّلَامَة

제6과

أُسْرَتِي

나의 가족

학습 목표

- 본인 및 가족 소개
  명사문(주어 + 술어) 구조에 대한 이해
  명사 + 형용사 수식 구조에 대한 이해
  호격사에 대한 이해

어휘

اَلسَّادِسُ	제6의, 여섯 번째의
صُورَة (ج. صُوَر)	사진
أُسْرَةٌ (ج. أُسَرٌ)	가족
أُسْرَتِي	나의 가족
مَا شَاءَ الله	훌륭합니다 ('하나님이 원하시는 바입니다'의 의미)
وَالِدٌ	아버지
مُهَنْدِسٌ	기술자, 엔지니어
وَالِدَةٌ.	어머니
مُدَرِّسَةٌ	선생님, 교사(여)
أَخٌ (ج. إِخْوَةٌ)	형, 남동생
طَالِبٌ (ج. طُلَابٌ)	학생(남)
أُخْتٌ (ج. أَخَوَاتٌ)	언니, 여동생
طَالِبَةٌ	학생(여)
سَعِيدٌ	행복한, 즐거운
طَبِيبٌ (ج. أَطِبَّاءُ)	의사(남)
رَبَّةُ الْمَنْزِلِ	가정주부

جَامِعَةٌ	대학
اَلْقَاهِرَةِ	카이로 (이집트의 수도)
جَامِعَةُ الْقَاهِرَةِ	카이로 대학
تِلْمِيذٌ (ج. تَلَامِيذُ)	(남, 초등 학교, 중학교의) 학생
مَدْرَسَةٌ (ج. مَدَارِسُ)	학교
مَدْرَسَة ثَانَوِيَّة	고등학교
مَنْ	누구
هَلْ	의문사 (Yes나 No의 대답을 요구하는 의문문에 사용)
نَعَمْ	예
لَا	아니오
هٰذَا	이것, 이분(남성)
هٰذِهِ	이것, 이분(여성)
يَا	호격사

본문

سمير : هَذِهِ صُورَةُ أُسْرَتِي.

이것은 우리 가족 사진입니다.

ليلى : مَا شَاءَ الله. مَنْ هَذَا؟

멋지네요. 이분(남성)은 누구신가요?

سمير : هَذَا وَالِدِي وَهُوَ مُهَنْدِسٌ.

이분은 우리 아버지이고 엔지니어입니다.

ليلى : وَمَنْ هَذِهِ؟

그럼 이분(여성)은 누구신가요?

سمير : هَذِهِ وَالِدَتِي. هِيَ مُدَرِّسَةٌ.

이분(여성)은 우리 어머니시고 선생님입니다.

ليلى : وَمَنْ هَذَا؟

그럼 이 사람은 누구인가요?

سمير : هَذاَ أَخِي وَهُوَ طَالِبٌ فِي الْجَامِعَةِ.

이 사람은 나의 형이고 대학생입니다.

ليلى : وَمَنْ هَذِهِ؟

그럼 이 사람은 누구예요?

سمير : هَذِهِ أُخْتِي وَهْيَ طَالِبَةٌ فيِ الْمَدْرَسَةِ الثَّانَوِيَّةِ.

이 사람은 내 여동생이고 고등학생입니다.

ليلى : إِنَّ أُسْرَتُكَ سَعِيدَةٌ.

(정말) 당신 가족은 행복해 보이네요.

문법

1 명사문 구조에 대한 이해

명사문은 동사가 없이 주어(주부)와 술어(술부)로 이루어지는 문장이다. 아랍어에는 be 동사와 같은 계사가 없이 주어와 술어로만 문장이 구성된다. 명사문에서 주어는 일반적으로 한정 상태의 명사나 인칭대명사, 지시사 등이 올 수 있고 술어는 비한정 상태의 명사, 전치사구, 부사구 등이 올 수 있다. 또한 명사문의 주어와 술어가 명사로만 이루어질 경우 주어와 술어는 성과 수에 일치하여야 한다.

أَنَا طَالِبٌ. 나는 학생이다.

(술어: 비한정 명사 주격) طَالِبٌ + (주어: 1인칭 단수 대명사 주격) أَنَا

أَنا طَالِبٌ. 나는 학생입니다.

هُوَ بِخَيْرٍ. 그는 잘 지냅니다.

هِيَ مُدَرِّسَةٌ. 그녀는 선생님입니다.

2 명사 + 형용사 수식

아랍어는 한국어나 영어와 달리 명사를 수식하는 형용사가 명사의 뒤에 위치한다. 이때 형용사는 수식을 받는 명사의 '성', '수', '격', '한정 상태'에 일치되어야 한다. 비한정 상태의 명사를 수식할 경우 형용사도 비한정 상태, 명사가 여성형 단수 목적격 형태라면, 형용사도 여성형 단수 목적격 형태를 취한다.

• 남성형 단어의 수식

	단수 비한정 상태	단수 한정 상태
신입생이(주격)	طَالِبٌ جَدِيدٌ	اَلطَّالِبُ الْجَدِيدُ
신입생의(소유격)	طَالِبٍ جَدِيدٍ	اَلطَّالِبِ الْجَدِيدِ
신입생을(목적격)	طَالِبًا جَدِيدًا	اَلطَّالِبَ الْجَدِيدَ

• 여성형 단어의 수식

	단수 비한정 상태	단수 한정 상태
새 가방이(주격)	حَقِيبَةٌ جَدِيدَةٌ	اَلْحَقِيبَةُ الْجَدِيدَةُ
새 가방의(소유격)	حَقِيبَةٍ جَدِيدَةٍ	اَلْحَقِيبَةِ الْجَدِيدَةِ
새 가방을(목적격)	حَقِيبَةً جَدِيدَةً	اَلْحَقِيبَةَ الْجَدِيدَةَ

3 호격사 يَا

호격사 يَا는 누군가를 부를 때 그 대상 앞에 쓴다. 호격사 يَا 뒤에 오는 명사는 탄윈이 없는 주격을 취한다.

يَا فَرِيدُ 파리드야

يَا عَائِشَةُ 아이샤야

듣기 (정답은 본문 참조)

1

2

3

4

5

6

7

8

9

10

쓰기

1. 당신 아버지는 의사입니까? (هل، طَبِيبٌ، والدك)

2. 아니오, 나의 아버지는 선생님입니다. (لاَ، مُدَرِّسٌ، والدِي)

3. 내 여동생은 고등학생입니다. (طَالِبَةٌ، فِي، أُخْتِي، الْمَدْرَسَةِ الثَّانَوِيَّةِ)

4. 예, 나에게 누이가 있습니다. (أُخْتٌ، عِنْدِي، نَعَمْ)

5. 나는 이집트에서 온 파리드입니다. (مصر ، أنا، من، فريد)

회화 테스트

1 من هِيَ، يَا فَاطِمَةُ؟

파티마, 그녀는 누구인가요?

2 والدتي مدرّسة في المدرسة.

나의 어머니는 학교 선생님입니다.

3 هل عندك أخ؟

당신에게 형이 있나요?

4 أَخِي مهندس فِي الْمَصْنَعِ.

나의 형은 공장의 엔지니어입니다.

5 أختي طالبة في جامعة القاهرة.

나의 누이는 카이로 대학교 학생입니다.

연습문제

본문을 듣고 질문에 답하시오.

문제 1 لمن هَذِهِ الصُّورَة؟ ______ .

문제 2 هلْ وَالِد سمير مُهَنْدِسٌ؟ ______ .

문제 3 مَا اسْمُ أُخْت سَمِير؟ ______ .

문제 4 빈칸에 들어갈 말로 알맞은 것을 고르시오.

B : ______________ ؟

A : هَذَا وَالِدِي وَهُوَ طَبِيبٌ.

① مَنْ هَذَا ② مَنْ أنتَ ③ مَنْ أنتِ ④ مَنْ هِيَ

문제 5 빈칸에 들어갈 말로 알맞지 않은 것을 고르시오.

A : مَنْ هَذِهِ؟

B : هَذِهِ أُخْتِي فَرِيدَة.

A : هَلْ هِيَ طَالِبَة؟

B : لَا، هِيَ ________.

① مُدَرِّسَة ② طَالِبَة ③ طَبِيبَة ④ مُهَنْدِسَة

제7과

هَذَا دَفْتَرٌ

이것은 공책입니다

학습 목표

- 사물에 대한 표현
  의문사에 대한 이해

어휘

اَلسَّابِعُ	일곱 번째, 제7의
كِتَابٌ (ج. كُتُبٌ)	책
جَدِيدٌ	새로운
حَقِيبَةٌ	가방
قَدِيمَةٌ	오래된
دَفْتَرٌ	공책
شُبَّاكٌ	창문
ذَلِكَ	저(것) (남성)
تِلْكَ	저(것)(여성)
قَلَمٌ (ج. أَقْلَامٌ)	연필
جَمِيلٌ	예쁜, 아름다운
سَيَّارَةٌ	자동차
أَيْنَ	어디
مِنْ	~로 부터
مَكْتَبٌ	책상, 사무실
كُرْسِيٌّ	의자
فِي	~에, ~안에

본문

سَمِيرٌ : مَا هَذَا؟

이것(남성)은 무엇입니까?

لَيْلَى : هَذَا دَفْتَرٌ.

이것(남성)은 공책입니다.

سَمِيرٌ : هَلْ هَذَا دَفْتَرٌ جَدِيدٌ؟

이것(남성)은 새 공책입니까?

لَيْلَى : نَعَمْ ، هَذَا دَفْتَرٌ جَدِيدٌ.

예, 이것(남성)은 새 공책입니다.

سَمِيرٌ : وَمَا هَذِهِ؟

그리고 이것(여성)은 무엇입니까?

لَيْلَى : هَذِهِ حَقِيبَةٌ.

이것(여성)은 가방입니다.

سَمِيرٌ : هَلْ هَذِهِ حَقِيبَةٌ جَدِيدَةٌ؟

이것(여성)은 새 가방입니까?

لَيْلَى : لاَ، هَذِهِ قَدِيمَةٌ.

아니요, 이것은 오래된 것입니다.

سَمِيرٌ : وَمَا ذَلِكَ؟

그리고 저것(남성)은 무엇입니까?

لَيْلَى : ذَلِكَ قَلَمٌ، وَهُوَ قَلَمٌ جَمِيلٌ.

저것(남성)은 연필입니다, 예쁜 연필이죠.

سَمِيرٌ : أَيْنَ كِتَابُكِ؟

당신(여성)의 책은 어디에 있습니까?

لَيْلَى : كِتَابِي فِي الْحَقِيبَةِ.

제 책은 가방에 있습니다.

문법

1 의문사에 대한 이해

아랍어 의문사는 의문문의 맨 앞에 위치한다. 주로 사용되는 의문사는 다음과 같다.

1) هَلْ : ~입니까?

هَلْ 은 명사문이나 동사문을 의문문으로 만들 때 사용되는 의문사이다. '~입니까 아닙니까'를 묻는 의문문을 이끌고 '예(نَعَمْ)' 또는 '아니오(لَا)'를 사용하여 대답하는 것이 일반적이다.

당신은 학생입니까?	هَلْ أَنْتَ طَالِبٌ؟
예, 나는 학생입니다.	نَعَمْ، أَنَا طَالِبٌ.
그는 선생님입니까?	هَلْ هُوَ مُدَرِّسٌ؟
아니요. 그는 엔지니어입니다.	لَا. هُوَ مُهَنْدِسٌ.

2) مَا : 무엇입니까?

مَا는 명사문으로 이루어 지는 의문문에서 '~은 무엇입니까?'라는 의미로 사용되는 의문사이다.

당신의 이름은 무엇입니까?	مَا اسْمُكَ؟
내 이름은 무함마드입니다.	اِسْمِي مُحَمَّدٌ.
이것은 무엇입니까?	مَا هَذَا؟
이것은 창문입니다.	هَذَا شُبَّاكٌ.

3) أَيْنَ : 어디에

أَيْنَ 는 '어디에'라는 의미로 사용되는 의문사이다.

أَيْنَ أَنْتَ؟	당신은 어디에 있나요?
فِي الْجَامِعَةِ.	대학교에 있습니다.
أَيْنَ صَدِيقُكَ؟	당신 친구는 어디에 있나요?
هُوَ فِي الْبَيْتِ.	그는 집에 있습니다.

4) مِنْ أَيْنَ: 어디로부터 , 어디에서

مِنْ أَيْنَ 는 국적 또는 출신지를 묻는 의문문에 사용되는 표현이다.

مِنْ أَيْنَ أَنْتِ؟	당신(여성)은 어디에서 오셨나요?
أَنَا مِنْ كُورِيَا.	저는 한국에서 왔습니다.
مِنْ أَيْنَ هِيَ؟	그녀는 어디에서 왔나요?
هِيَ مِنْ مِصْرَ.	그녀는 이집트에서 왔어요.

듣기 (정답은 본문 참조)

1

2

3

4

5

6

7

8

9

10

11

12

쓰기

1. 이것(여성)은 무엇입니까? (هذه، ما)

2. 이것(남성)은 새 공책입니다. (دفتر ، هذا، جديد)

3. 이것(여성)은 새 가방입니까? (هذه، حقيبةِ، هل، جديدة)

4. 아니오, 이것은 오래된 가방입니다. (لا، قديمة ، هذه، حقيبة)

5. 당신(여성)의 자동차는 어디에 있습니까? (سيارتك، أين)

회화 테스트

1 ما هذه، يَا فَاطِمَةُ؟

파티마, 이것(여성)은 무엇인가요?

2 هَذَا شُبَّاكٌ قَدِيمٌ.

이것(남성)은 오래된 창문입니다.

3 هل دفترك جديد؟

당신(남성)의 공책은 새것입니까?

4 تلك سيارتي الجديدة.

저것(여성)은 새로 산 제 자동차입니다.

5 هَذَا كُرْسِيٌّ وَذَلِكَ شُبَّاكٌ.

이것(남성)은 의자이고 저것(남성)은 창문입니다.

연습문제

본문을 듣고 질문에 답하시오.

문제 1 هَلِ الدَّفْتَرُ جَدِيدٌ؟ ________________ .

문제 2 هل الحقيبة جديدة؟ ________________ .

문제 3 أين كتاب ليلى؟ ________________ .

문제 4 빈칸에 들어갈 말로 알맞지 않은 것을 고르시오.

A : مَا هَذَا؟

B : هذا ________________ .

① قلم ② كتاب ③ سيارة ④ مكتب

문제 5 빈칸에 들어갈 말로 알맞은 것을 고르시오.

A : مَا هَذِهِ؟

B : هَذِهِ حَقِيبَةٌ.

A : ____________________

B : نَعَمْ، هَذِهِ جديدةٌ.

① ما اسمها　② مَا ذَلِكَ

③ أَيْنَ كِتَابُكَ؟　④ هَلْ هَذِهِ حَقِيبَةٌ جَدِيدَةٌ؟

제8과

كَيْفَ الْجَوُّ الْيَوْمَ؟

오늘 날씨가 어때요?

학습 목표

- 날씨 표현
  관계형용사에 대한 이해
  연결형 구조에 대한 이해

어휘

اَلثَّامِنُ	제8의, 여덟 번째의
جَوٌّ	날씨
كُورِيَا	한국
إِذَنْ	그러면
بَارِدٌ	추운, 차가운
اَلشِّتَاءُ	겨울
ثَلْجٌ (ج. ثُلُوجٌ)	눈
مَاذَا عَنْ؟	~에 관해서는 어때요?
حَارٌّ	더운, 매운
جِدًّا	매우
مُعْتَدِلٌ	온화한, 적당한
اَلصَّيْفُ	여름
مَطَر (ج. أَمْطَارٌ)	비
كَثِيرَةٌ	많은(여성)
الرَّبِيعُ	봄

دَافِئٌ	따뜻한
لَطِيفٌ	쾌청한; 친절한
اَلْخَرِيفُ	가을
مُشْمِسٌ	해가 나는
مُمْطِرٌ	비가 오는
مُثْلِجٌ	눈이 오는

본문

خالد : مِنْ أَيْنَ أَنْتِ؟

당신은 어디에서 왔나요?

يونا : أَنَا مِنْ كُورِيَا.

저는 한국에서 왔어요.

خالد : إِذَنْ، أَنْتِ كُورِيَّةٌ.

كَيْفَ الْجَوُّ فِي فَصْلِ الشِّتَاءِ فِي كُورِيَا؟

그러면 당신은 한국인(여성)이군요. 한국의 겨울은 날씨가 어때요?

يونا : اَلْجَوُّ بَارِدٌ في فَصْلِ الشِّتَاءِ وَالثُّلُوجُ كَثِيرَةٌ.

겨울엔 날씨가 춥고 눈이 많이 와요.

خالد : إِذَنْ، كَيْفَ الْجَوُّ فِي الرَّبِيعِ؟

그러면 봄에는 날씨가 어때요?

يونا : اَلْجَوُّ دَافِئٌ وَلَطِيفٌ.

날씨가 따뜻하고 화창해요.

خالد : مَاذَا عَنْ فَصْلِ الصَّيْفِ وَالْخَرِيفِ؟

여름과 가을은 어때요?

يونا : فَصْلُ الصَّيْفِ حَارٌّ جِدًّا وَالأَمْطَارُ كَثِيرَةٌ.

여름철은 매우 덥고 비가 많이 와요.

وَالْجَوُّ مُعْتَدِلٌ فِي فَصْلِ الْخَرِيفِ.

가을엔 날씨가 적당(온화)해요.

문법

1 관계형용사(ـِيَّةٌ/ـِيٌّ)

관계형용사는 명사에서 파생되는 형용사로서, 주로 명사 뒤에 'ـِيٌّ (남성)' 또는 'ـِيَّةٌ (여성)'을 접미 시켜 만든다. 국가명이나 도시명 등에서 만들어지는 관계형용사는 주로 '국적이나 출신'을 나타낸다. 관계형용사는 명사의 어미 형태에 따라 만드는 방법이 서로 다르며, 그 방법은 다음과 같다.

1) 명사의 형태가 타마르부타(ة)로 끝나는 경우, 타마르부타를 탈락시킨 후 ـِيَّةٌ/ـِيٌّ 을 붙인다.

대학교의	(جَامِعِيَّةٌ)جَامِعِيٌّ ← (ـِيَّةٌ)ـِيٌّ + جَامِع ← جَامِعَةٌ

2) 명사의 형태가 알리프나 알리프 막수라로 끝나는 경우, 알리프를 탈락시킨 후 ـِيَّةٌ/ـِيٌّ 을 붙인다.

한국인/의	(كُورِيَّةٌ)كُورِيٌّ ← (ـِيَّةٌ)ـِيٌّ + كُورِي ← كُورِيَا

3) 명사에 정관사가 있으면 정관사를 탈락시킨 후 ـِيَّةٌ/ـِيٌّ 을 붙인다.

모로코인/의	(مَغْرِبِيَّةٌ)مَغْرِبِيٌّ ← (ـِيَّةٌ)ـِيٌّ + مَغْرِب ← اَلْمَغْرِبُ

4) 명사 형태가 위 1), 2), 3)의 경우가 아닌 경우에는 명사 뒤에 바로 ـِيٌّ/ـِيَّةٌ을 붙인다.

이집트인/의 مِصْرُ ← مِصْرُ + ـِيٌّ(ـِيَّةٌ) ← مِصْرِيٌّ(مِصْرِيَّةٌ)

당신은 한국에서 왔습니까? هَلْ أَنْتَ مِنْ كُورِيَا؟

نَعَمْ، أَنَا مِنْ كُورِيَا. أَنَا كُورِيٌّ.

예, 나는 한국에서 왔습니다. 나는 한국인입니다.

2 연결형

아랍어에서는 명사 간의 소유관계를 나타내기 위해 '연결형(اَلْإِضَافَةُ)' 구조를 사용한다. 연결형은 다양한 형태로 사용되는데 주로 사용되는 형태는 다음과 같다.

1) 명사 + 접미인칭대명사 : 앞에 오는 명사는 접미인칭대명사에 의해 한정되므로 정관사가 없이 탄윈이 탈락한 상태로 3격 변화한다.

너의 책이(주격) كِتَابٌ + كَ ← كِتَابُكَ

너의 책을(목적격) كِتَابًا + كَ ← كِتَابَكَ

너의 책에(소유격) كِتَابٍ + كَ ← كِتَابِكَ

2) 명사 + 명사: 앞에 오는 명사를 '제1요소', 뒤에 오는 명사를 '제2요소'라고 부른다. 제1요소는 정관사가 없고, 3격 변화(주격, 목적격, 소유격)하며, 연결된 두 명사의 성, 수, 격을 결정한다.

반면 제2요소는 항상 소유격으로 고정되며, 정관사를 붙이거나 비한정 상태로 사용할 수 있으므로 연결된 두 명사의 한정/비한정 상태를 결정한다.

بَيْتٌ 집 + طَالِبٌ 학생 ← بَيْتُ طَالِبٍ

(한) 학생의 집이 (남성, 단수, 주격, 비한정)

حَقِيبَةً 가방 + اَلْمُدَرِّسُ 그 선생님 ← حَقِيبَةَ الْمُدَرِّسِ

그 선생님의 가방을(여성, 단수, 목적격, 한정)

سَيَّارَةٌ 자동차 + الرَّجُلُ 그 남자 ← فِي سَيَّارَةِ الرَّجُل

그 남자의 차에서(여성, 단수, 소유격, 한정)

듣기 (정답은 본문 참조)

1

2

3

4

5

6

7

8

9

쓰기

1. 당신(여성)은 이집트인인가요? (أنتِ، مِصْرِيَّة، هل)

2. 오늘 한국의 날씨가 어때요? (في، كوريا، الجوّ، كيف، اليوم)

3. 겨울엔 날씨가 매우 춥고 눈이 와요.
(الجو، جدا، بارد، في الشتاء، و، مثلج)

4. 봄에는 날씨가 따뜻하고 화창해요.
(دافئ ، و، لطيف، الجو، الربيع، في)

5. 여름 철은 덥고 비가 많이 와요.
(فصل الصيف، ممطر، حارّ، و، كثيرا)

회화 테스트

1 كيف الجو في مصر اليوم؟

오늘 이집트의 날씨는 어때요?

2 الجو معتدل ولطيف في فصل الخريف.

가을에는 날씨가 온화하고 청명합니다.

3 الجو دافئ ومعتدل في فصل الربيع.

봄에는 날씨가 따뜻하고 온화합니다.

4 فصل الصيف حار جدا وأمطار كثيرة.

여름에는 매우 덥고 비가 많이 옵니다.

5 فصل الشتاء بارد ومثلج كثيرا.

겨울에는 춥고 눈이 많이 옵니다.

연습문제

본문을 듣고 질문에 답하시오.

문제 1 كَيْفَ الْجَوُّ فِي فَصْلِ الشِّتَاءِ فِي كُورِيَا؟

.

문제 2 كَيْفَ الْجَوُّ فِي الرَّبيعِ؟

.

문제 3 مَاذَا عَنْ فَصْلِ الصَّيْفِ؟

.

문제 4 빈칸에 들어갈 말로 알맞은 것을 고르시오.

A : ______________________؟

B : أنا من الكويت.

A : إذن، أنتِ كويتيّة.

B : نعم، أنا كويتيّة.

① ما اسمك ② أين هو

③ من أين أنتِ ④ من أين هي

문제 5 빈칸에 들어갈 말로 알맞은 것을 고르시오.

A : ______________________؟

B : الْجَوُّ دَافِئٌ وَلَطِيفٌ.

A : مَاذَا عَنْ فَصْلِ الشتاء؟

B : الجو بارد جِدًّا وَمثلج كثيرا.

① كَيْفَ الْجَوُّ فِي الرَّبيعِ

② كَيْفَ حالك اليوم؟

③ كَيْفَ الْجَوُّ فِي الشتاء

④ ماذا عن فصل الصيف

제9과

اَلْيَوْمُ هُوَ يَوْمُ الاِثْنَيْنِ

오늘은 월요일입니다.

학습 목표

- **요일 표현**
  완료동사 변화에 대한 이해
  미완료동사 변화에 대한 이해

어휘

اَلتَّاسِعُ	제9의, 아홉 번째의
أَمْسِ	어제
غَدًا	내일
يَوْمٌ	날, 요일
الْاِثْنَيْنِ	월요일
مَاذَا	무엇을 (동사문, 부사 구 등과 함께 쓰는 의문사)
فَعَلْتَ	당신(남성)은 했다
كَمْ	얼마나(수량을 물을 때 사용하는 의문사)
تَفْعَلُ	당신(남성)은 ~을 한다
مَكْتَبَةٌ	도서관
مَرَّةً	한 번
تِنِسُ الطَّاوِلَةِ	탁구
كُرَةُ الْقَدَمِ	축구
أُسْبُوعٌ	한 주, 일주일
فِيلْمٌ (ج. أَفْلَامٌ)	영화

سِينِمَا	영화관
سَ، سَوْفَ	미래 시제 동사를 나타내는 표현
تُحِبُّ	당신(남성)은 ~을 좋아한다
أُحِبُّ	나는 ~을 좋아한다
مَعًا	함께
صَدِيقٌ (ج. أَصْدِقَاءُ)	친구
لِـ	~하기 위해서, ~에게
مُشَاهَدَةٌ	보기, 보는 것
نَلْعَبُ	우리가 운동한다, 논다
فِكْرَة جَمِيلَة	좋은 생각입니다
شُكْرًا	감사합니다, 고맙습니다
عَفْوًا	천만에요

본문

سُومِي : مَاذَا فَعَلْتَ أَمْسِ، يَا خَالِد؟

칼리드, 어제 무엇을 했나요?

خَالِد : ذَهَبْتُ إِلَى السِّينِمَا لِمُشَاهَدَةِ فِيلْمٍ جَدِيد.

새 영화를 보기 위해서 영화관에 갔어요.

سُومِي : هَلْ تُحِبُّ مُشَاهَدَةَ الْأَفْلَام؟

당신은 영화 보는 것을 좋아하나요?

خَالِد : نَعَمْ. أُحِبُّ ذَلِكَ كَثِيرًا.

예, 그것을 매우 좋아해요.

سُومِي : اَلْيَوْمُ هُوَ يَوْمُ الاِثْنَيْن. مَاذَا تَفْعَلُ الْيَوْمَ؟

오늘은 월요일이네요. 오늘 무엇을 할 건가요?

خَالِد : سَأَذْهَبُ إِلَى الْمَكْتَبَة. وَأَنْتِ، مَاذَا تَفْعَلِين؟

나는 도서관에 갈 거예요. 당신은 무엇을 하실 건가요?

سُومِي : سَأَلْعَبُ تِنِسَ الطَّاوِلَة مَعَ صَدِيقَتِي.

나는 내 친구(여성)와 탁구를 칠 거예요.

خالد : كَمْ مَرَّةً فِي الْأُسْبُوعِ تَلعبِينَ تِنِسَ الطَّاوِلَة؟

일주일에 몇 번이나 탁구를 치나요?

سُومِي : أَلْعَبُ مَرَّةً فِي الْأُسْبُوعِ.

일주일에 한 번 칩니다.

خالد : إِذَنْ، هَلْ نَلْعَبُ تِنِسَ الطَّاوِلَة مَعًا؟

그럼, 우리 함께 탁구를 칠까요?

سُومِي : فِكْرَةٌ جَمِيلَةٌ! إِذَنْ، نَلْعَبُ فِي يَوْمِ الْأَحَدِ.

좋은 생각이에요! 그럼, 일요일에 쳐요.

خالد : شُكْرًا.

고마워요.

سُومِي : عَفْوًا.

천만에요.

문법

1 요일 표현

요일 표현은 '날'을 의미하는 يَوْم 과 요일 명을 연결형으로 만들어 표현한다.

토요일	일요일	월요일	화요일	수요일	목요일	금요일
يَوْمُ السَّبْتِ	يَوْمُ الْأَحَدِ	يَوْمُ الاِثْنَيْنِ	يَوْمُ الثُّلَاثَاءِ	يَوْمُ الْأَرْبِعَاءِ	يَوْمُ الْخَمِيسِ	يَوْمُ الْجُمْعَةِ

종종 يَوْمٌ을 생략하여 표현하기도 하고 시간 부사로 사용될 때는 목적격으로 사용되거나 전치사 فِي를 이용하여 나타내기도 한다.

2 완료동사 변화

아랍어 동사는 동작의 완료 여부에 따라 완료형(과거시제)과 미완료형(현재시제, 미래시제)으로 분류된다. '쓰다'라는 의미의 동사 كَتَبَ의 인칭별 완료동사 변화는 다음과 같다.

인칭	1(공통)	2(남성)	2(여성)	3(남성)	3(여성)
	كَتَبْتُ	كَتَبْتَ	كَتَبْتِ	كَتَبَ	كَتَبَتْ

나는 편지를 썼다. كَتَبْتُ رِسَالَةً.

나는 새 책을 읽었다. قَرَأْتُ كِتَاباً جدِيدًا.

무함마드는 대학교로 갔다. ذَهَبَ مُحَمَّدٌ إِلَى الْجَامِعَةِ.

3 미완료동사(직설형) 변화

미완료동사(직설형)는 성, 수, 인칭에 따라 다음과 같이 변화한다.

동사	1(공통)	2(남성)	2(여성)	3(남성)	3(여성)	의미
لَعِبَ	أَلْعَبُ	تَلْعَبُ	تَلْعَبِينَ	يَلْعَبُ	تَلْعَبُ	운동하다
دَرَسَ	أَدْرُسُ	تَدْرُسُ	تَدْرُسِينَ	يَدْرُسُ	تَدْرُسُ	공부하다
شَرِبَ	أَشْرَبُ	تَشْرَبُ	تَشْرَبِينَ	يَشْرَبُ	تَشْرَبُ	마시다

أَقْرَأُ كِتَابًا جَدِيدًا الْآنَ. 나는 지금 새 책을 읽고 있다.

تَشْرَبُ لَيْلَى قَهْوَةً. 라일라는 커피를 마신다.

동사의 미래 시제를 표현할 때는 미완료 직설형 동사 앞에 سَ나 سَوْفَ를 붙인다.

سَأَقْرَأُ كِتَابًا جَدِيدًا غَدًا. 나는 내일 새 책을 읽을 것이다.

سَوْفَ أَقْرَأُ كِتَابًا جَدِيدًا غَدًا. 나는 내일 새 책을 읽을 것이다.

듣기 (정답은 본문 참조)

1

2

3

4

5

6

7

8

9

10

11

12

13

쓰기

1 오늘 당신(남성)은 무엇을 합니까? (ماذا، اليوم، تفعل)

2 나는 새 영화를 보러 갈 거예요. (لمشاهدةَ، فيلم جديد ، سأذهب)

3 당신(여성)은 어제 도서관에 갔나요? (ذهبتِ، هلِ، أمس ، المكتبة، إلى)

4 나는 내일 내 친구(남성)와 축구를 할 거예요.
(غدا، كرة القدم ، سألعب، صديقي ، مع)

5 그녀는 일요일에 영화관에 갑니다.
(تذهب، إلى ، السينما، يوم الأحد، في)

회화 테스트

1 مَاذَا فَعَلَ خَالِد أَمْسِ؟

칼리드는 어제 무엇을 했나요?

2 هَلْ تُحِبُّ تنس الطاولة؟

당신은 탁구를 좋아하나요?

3 اَلْيَوْمُ هُوَ يَوْمُ السَّبْت.

오늘은 토요일입니다.

4 ذَهَبَ سَمِير إِلَى السِّينِمَا لِمُشَاهَدَةِ فِيلمٍ جَدِيد.

사미르는 새 영화를 보기 위해 영화관에 갔습니다.

5 أَلْعَبُ التِّنِس مَرَّةً فِي الأُسْبُوعِ.

나는 일주일에 한 번 테니스를 칩니다.

연습문제

본문을 듣고 질문에 답하시오.

문제 1

أين ذهب خالد أمس؟

.

문제 2

من يلعب تنس الطاولة اليوم؟

.

문제 3

متى تلعب سومي تنس الطاولة مع خالد؟

.

문제 4 빈칸에 들어갈 말로 알맞은 것을 고르시오.

A : ________________ أَمْسِ؟

B : ذَهَبْتُ إِلَى السِّينِمَا.

① مَاذَا فَعَلَ ② مَاذَا فَعَلْتَ

③ مَاذَا فَعَلْتُ ④ مَاذَا فَعَلَتْ

문제 5 빈칸에 들어갈 말로 알맞은 것을 고르시오.

A : هل تحبّ كرة القدم؟

B : نعم، أحبّها كثيرا.

A : __________ تلعب كرة القدم في الأسبوع؟

B : ألعبها مرّة في الأسبوع.

① كيف الجوّ ② من أين

③ كم مرّة ④ ماذا عن

제10과

بِكَمْ هَذَا؟

이것은 얼마입니까?

학습 목표

- 물건사기와 관련된 표현하기
  기수사(1~10)에 대한 이해
  색깔을 표현하는 형용사에 대한 이해
  비교급에 대한 이해

어휘

اَلْعَاشِرُ	제10의, 열 번째의
بَائِعَةٌ	판매원(여성형)
تُرِيدِينَ	당신(여)은 ~을(를) 원한다
أُرِيدُ	나는 ~을(를) 원한다
أَشْتَرِي	나는 ~을(를) 산다
قَمِيصٌ (ج. قُمْصَانٌ)	셔츠
عَنْدَكَ	당신(남)에게 ~이 있다
عِنْدِي	나에게 ~이 있다
رَأْيٌ (ج. آرَاءٌ)	의견
أَسْوَدُ	검정색의(남성형)
يُعْجِبُ	~이 마음에 든다
لَوْنٌ (ج. أَلْوَانٌ)	색깔
يُوجَدُ	그것(남성)~이 있다, 존재하다
آخَرُ	다른
تُوجَدُ	그것(여성)~이 있다, 존재하다

أَبْيَضُ	흰색의(남성형)
جَيِّدٌ	좋은; 좋다
أَعْطِي	주세요(여성에게 하는 명령형)
أَكْبَرُ	더 큰
حَاضِرٌ	예, 알겠습니다
مُنَاسِبٌ لِـ	~에게 어울리는, 적당한
بِكَمْ	얼마입니까
عَشَرَةٌ	10, 열
دِينَارٌ (ج. دَنَانِيرُ)	디나르
سَوْدَاءُ	검정색의(여성형)
أَعْطِ	주세요(남성에게 하는 명령형)

본문

اَلْبَائِعَةُ : مَرْحَبًا، مَاذَا تُرِيدِينَ؟

어서오세요, 무엇을 드릴까요?

لَيْلَى : أُرِيدُ أَنْ أَشْتَرِيَ قَمِيصًا. هَلْ عِنْدَكِ قَمِيصٌ جَمِيلٌ؟

셔츠를 하나 사고 싶어요. 예쁜 셔츠가 있나요?

اَلْبَائِعَةُ : نَعَمْ، عِنْدِي قَمِيصٌ جَمِيلٌ. مَا رَأْيُكِ فِي هَذَا الْقَمِيصِ الْأَسْوَدِ؟

네, 예쁜 셔츠가 있어요. 이 검정색 셔츠는 어떠세요?

لَيْلَى : لاَ يُعْجِبُنِي هَذَا اللَّوْنُ. هَلْ يُوجَدُ لَوْنٌ آخَرُ؟

이 색은 마음에 들지 않아요. 다른 색도 있나요?

اَلْبَائِعَةُ : نَعَمْ، تُوجَدُ أَلْوَانٌ كَثِيرَةٌ. مَا رَأْيُكِ فِي هَذَا الْقَمِيصِ الْأَبْيَضِ؟

네, 여러 색이 있어요. 이 흰색 셔츠는 어때요?

لَيْلَى : جَيِّدٌ. يُعْجِبُنِي هَذَا الْقَمِيصُ. وَلَكِنْ هَذَا الْقَمِيصُ صَغِيرٌ عَلَيَّ.

أَعْطِينِي قَمِيصًا أَكْبَرَ، مِنْ فَضْلِكِ.

좋아요. 이 셔츠가 마음에 들어요. 하지만 이 셔츠는 제게 작네요.

더 큰 셔츠로 주세요.

اَلْبَائِعَةُ : حَاضِرٌ. هَذَا الْقَمِيصُ مُنَاسِبٌ لَكِ.

알겠습니다. 이 셔츠가 맞네요.

لَيْلَى : شُكْرًا. بِكَمْ هَذَا؟

감사합니다. 이거 얼마예요?

اَلْبَائِعَةُ : بِعَشَرَةِ دَنَانِيرَ.

10 디나르예요.

문법

1 아랍어 기수사 표현

기수사	남성	여성	기수사	남성	여성
١ (1)	وَاحِدٌ	وَاحِدَةٌ	٦ (6)	سِتَّةٌ	سِتٌّ
٢ (2)	اِثْنَانِ	اِثْنَتَانِ	٧ (7)	سَبْعَةٌ	سَبْعٌ
٣ (3)	ثَلاَثَةٌ	ثَلاَثٌ	٨ (8)	ثَمَانِيَةٌ	ثَمَانٍ
٤ (4)	أَرْبَعَةٌ	أَرْبَعٌ	٩ (9)	تِسْعَةٌ	تِسْعٌ
٥ (5)	خَمْسَةٌ	خَمْسٌ	١٠ (10)	عَشَرَةٌ	عَشْرٌ

아랍어에서 3~10까지의 수사 다음에는 복수 명사 소유격을 사용하고, 11~99까지의 수사는 단수 목적격 명사와 함께 사용한다. 3~10 사이의 수는 뒤에 오는 명사의 단수 형태가 남성형이면 숫자에는 타마르부타가 나타나고, 명사의 단수 형태가 여성형이면 타마르부타가 없는 형태가 사용된다.

예 3권의 책 ثَلاَثَةُ كُتُبٍ

7대의 자동차 سَبْعُ سَيَّارَاتٍ

2 색깔을 나타내는 형용사

아랍어에서 색깔을 표현하는 형용사의 남성형과 여성형은 아래와 같다. 색깔을 나타내는 어휘는 2격 명사로 목적격과 소유격의 형태가 같다.

	검정	흰	빨간	파란	노란	초록의
남성형	أَسْوَدُ	أَبْيَضُ	أَحْمَرُ	أَزْرَقُ	أَصْفَرُ	أَخْضَرُ
여성형	سَوْدَاءُ	بَيْضَاءُ	حَمْرَاءُ	زَرْقَاءُ	صَفْرَاءُ	خَضْرَاءُ

3 미완료 동사 يُعْجِبُ

동사 يُعْجِبُ는 '~이 ~의 마음에 들다'라는 의미를 나타내며 뒤에 접미되는 목적어(접미대명사)가 의미상의 주어가 된다. 여성형 주어가 오는 경우에는 تُعْجِبُ로 사용한다.

예 나는 이 셔츠가 마음에 든다. يُعْجِبُنِي هَذَا الْقَمِيصُ.

이 사진이 네(남) 마음에 드니? هَلْ تُعْجِبُكَ هَذِهِ الصُّورَةُ؟

4 아랍어의 비교급 표현

아랍어의 비교급 표현은 형용사를 أَفْعَلُ형으로 변화시킨다. أَفْعَلُ형은 주어의 성과 수의 지배를 받지 않으며, 비교 대상은 전치사 مِنْ 뒤에 위치한다.

예 무함마드는 라일라보다 어리다. مُحَمَّدٌ أَصْغَرُ مِنْ لَيْلَى.

나에게 더 큰 신발을 주세요. أَعْطِنِي حِذَاءً أَكْبَرَ.

카리마는 수미보다 키가 크다. كَرِيمَةُ أَطْوَلُ مِنْ سُو مِي.

듣기 (정답은 본문 참조)

1

2

3

4

5

6

7

8

9

쓰기

1 흰 색 셔츠를 사기를 원하나요? (تشتري، أن، هل، قميصا، تريد، أبيض)

2 이 검정색 가방 어떠세요? (في، الحقيبة، ما، هذه، السوداء، رأيك)

3 이 자동차가 마음에 들지 않아요. (السيارة، لا، تعجبني، هذه)

4 하지만 이 구두는 제게 크네요. (هذا، كبير، عليّ، ولكن، الحذاء)

5 저에게 더 작은 셔츠는 없어요. (قميص، عندي، أصغر، ليس)

회화 테스트

1 بكم هذا القميص الأبيض؟

이 흰색 셔츠는 얼마입니까?

2 هل يعجبكَ هذا الحذاء الأسود؟

이 검정색 구두가 마음에 듭니까?

3 أريد أن أشتري سيارة جميلة.

나는 멋진 자동차를 사고 싶어요.

4 أعطني القميص المناسب لي.

제게 맞는 셔츠를 주세요.

5 لا توجد حقيبة تعجبني.

마음에 드는 가방이 없어요.

연습문제

본문을 듣고 질문에 답하시오.

문제 1 ماذا تريد ليلى أن تشتري؟

.

문제 2 هل يعجب ليلى القميص الأسود؟

.

문제 3 بكم القميص الأبيض؟

.

문제 4 빈칸에 들어갈 말로 알맞은 것을 고르시오.

A : هَذِهِ الْحَقِيبَةُ جَمِيلَةٌ.

B : هَلْ تُعْجِبُكَ هَذِهِ الْحَقِيبَةُ؟

A : نَعَمْ. ________ هَذِهِ الْحَقِيبَةُ. بِكَمْ هَذِهِ؟

B : بِمِائَةِ دِينَارٍ.

① تُعْجِبُهَا ② تَعْجِبُنِي ③ يُعْجِبُكَ ④ يُعْجِبُهُ

문제 5 빈칸에 들어갈 말로 알맞은 것을 고르시오.

A : أُرِيدُ أَنْ أَشْتَرِي حِذَاءً. هَلْ عِنْدَكِ حِذَاءٌ جَمِيلٌ؟

B : نَعَمْ، عِنْدِي حِذَاءٌ جَمِيلٌ. مَا رَأْيُكَ فِي هَذَا الْحِذَاءِ؟

A : جَيِّدٌ. أُرِيدُ هَذَا الْحِذَاءَ. وَلَكِنْ هَذَا الْحِذَاءُ صَغِيرٌ

عَلَيَّ. ____________، مِنْ فَضْلِكِ.

B : حَاضِرٌ. هَذَا الْقَمِيصُ مُنَاسِبٌ لَكِ.

① عِنْدِي أَلْوَانٌ كَثِيرَةٌ

② هَذَا الْحِذَاءُ أَصْغَرُ مِنْ ذَلِكَ الْحِذَاءِ

③ أَعْطِينِي قَمِيصًا أَكْبَرَ

④ تَشْتَرِي الْحِذَاءُ بِعَشَرَةِ دَنَانِيرَ

제11과

أُحِبُّ كُرَةَ الْقَدَمِ

나는 축구를 좋아합니다.

학습 목표

- 취미에 대해 묻고 말하기
  미완료 동사 부정에 대한 이해
  أَيٌّ 의 표현
  미완료 접속법에 대한 이해

어휘

اَلْحَادِيَ عَشَرَ	제11의, 열한 번째의
تَفْعَلِينَ	당신(여)은 ~ 을(를) 한다
نِهَايَةُ الْأُسْبُوعِ	주말
أُشَاهِدُ	나는 본다
فِيلْمٌ (ج. أَفْلاَمٌ)	영화
سِينَمَا	영화관
نَوْعٌ (ج. أَنْوَاعٌ)	종류
تُحِبِّينَ	당신(여)은 ~을(를) 좋아한다
أُحِبُّ	나는 ~을(를) 좋아한다
كُلٌّ	모든
خَاصَّةً	특히
أَلْعَبُ	나는 운동한다; 논다
كُرَةُ الْقَدَمِ	축구
صَدِيقٌ (ج. أَصْدِقَاءُ)	친구
هِوَايَةٌ	취미

أَعْرِفُ	나는 ~을(를) 안다
لَكِنْ	그러나
مُشَاهَدَةٌ	보기; 보는 것
مُبَارَاةٌ (ج. مُبَارَيَاتٌ)	경기
مَلْعَبٌ (ج. مَلاَعِبُ)	운동장
طَيِّبٌ	좋은; 좋다
فِكْرَةٌ (ج. فِكَرٌ)	생각
قِرَاءَةٌ	읽기, 읽는 것
تِلِفِزِيُون	텔레비전

본문

سَالِمٌ : مَاذَا تَفْعَلِينَ عَادَةً فِي نِهَايَةِ الْأُسْبُوعِ، يَا مَرْيَمُ؟

마르얌, 주말에 보통 무엇을 하나요?

مَرْيَمُ : أُشَاهِدُ فِيلْمًا فِي السِّينَمَا.

영화관에서 영화를 봅니다.

سَالِمٌ : أَيَّ نَوْعٍ مِنَ الْأَفْلَامِ تُحِبِّينَ؟

어떤 종류의 영화를 좋아하나요?

مَرْيَمُ : أُحِبُّ كُلَّ أَنْوَاعِ الْأَفْلَامِ، خَاصَّةً الْأَفْلَامَ الْعَرَبِيَّةَ. وَأَنْتَ؟

모든 종류의 영화를 좋아하는데, 특히, 아랍 영화를 좋아합니다. 당신은요?

سَالِمٌ : أُحِبُّ أَنْ أَلْعَبَ كُرَةَ الْقَدَمِ مَعَ أَصْدِقَائِي. هِوَايَتِي كُرَةُ الْقَدَمِ.

친구들과 축구하는 것을 좋아합니다. 제 취미가 축구거든요.

مَرْيَمُ : لاَ أَعْرِفُ كَيْفَ أَلْعَبُ كُرَةَ الْقَدَمِ، بَلْ أُحِبُّ مُشَاهَدَةَ كُرَةِ الْقَدَمِ.

전 축구를 어떻게 하는지 모르지만 축구 보는 건 좋아해요.

سَالِمٌ : سَتَكُونُ هُنَاكَ مُبَارَاةُ كُرَةِ الْقَدَمِ غَدًا فِي مَلْعَبِ

"سَانْغ آم". هَلْ تُرِيدِينَ أَنْ تَذْهَبِي مَعِي؟

내일 상암 경기장에서 축구 경기가 있어요. 저와 함께 가시겠어요?

مَرْيَمُ : طَيِّبٌ، فِكْرَةٌ جَمِيلَةٌ.

좋아요, 좋은 생각입니다.

문법

1 미완료 동사 부정

미완료 동사 앞에 부정사 لاَ 를 놓으면 동사의 의미가 부정된다.

예 나는 오늘 시장에 가지 않는다.	لاَ أَذْهَبُ إِلَى السُّوقِ الْيَوْمَ.
나는 축구를 좋아하지 않는다.	لاَ أُحِبُّ كُرَةَ الْقَدَمِ.
나는 지금 커피를 마시지 않는다.	لاَ أَشْرَبُ قَهْوَةً الْآنَ.

2 أَيٌّ 의 표현

명사 أَيٌّ 은 뒤에 비한정 단수 명사와 연결되면 '어떤', '어느' 등 의문사로 활용된다. 이때 أَيٌّ 은 문장 내 역할에 따라 주격, 목적격, 소유격 등 3격으로 변한다.

예 무엇을 도와드릴까요?(어떤 서비스를 원하시나요?)	أَيُّ خِدْمَةٍ؟
어떤 종류의 영화를 좋아하십니까?	أَيَّ نَوْعٍ مِنَ الأَفْلاَمِ تُحِبُّ؟
몇 시에 돌아옵니까?	فِي أَيِّ سَاعَةٍ تَرْجِعُ؟

3 동사 أَحَبَّ (يُحِبُّ)의 목적어

동사 أَحَبَّ (يُحِبُّ)의 목적어로는 명사나 أَنْ 이하의 절이 온다.

	أَنَا	أَنْتِ	أَنْتَ	هِيَ	هُوَ
미완료 단수	أُحِبُّ	تُحِبِّينَ	تُحِبُّ	تُحِبُّ	يُحِبُّ

예 그는 주말에 영화 보는 것을 좋아한다. يُحِبُّ مُشَاهَدَةَ الأَفْلَامِ فِي نِهَايَةِ الأُسْبُوعِ.

나는 축구하는 것을 좋아한다. أُحِبُّ أَنْ أَلْعَبَ كُرَةَ الْقَدَمِ.

4 미완료 접속법

접속법 동사는 미완료 동사 어말의 ـُ 모음이 ـَ 모음으로 끝나는 동사이며, 접속사 أَنْ 뒤에서 사용된다. 2인칭 여성형에서는 어말의 نَ는 생략된다.

예 나는 은행에 가기를 원한다. أُرِيدُ أَنْ أَذْهَبَ إِلَى الْبَنْكِ.

당신(여)은 버스를 탈 수 있다. يُمْكِنُ أَنْ تَرْكَبِي الأُوتُوبِيس.

듣기 (정답은 본문 참조)

1

2

3

4

5

6

7

8

쓰기

1. 내 취미는 독서입니다. (الكتب، هوايتي، قراءة)

2. 나는 아랍 영화 보는 것을 좋아합니다. (أشاهد، العربية، أحبّ، الأفلام، أن)

3. 어떤 종류의 책을 좋아하나요? (أيّ، من، تحبّ، الكتب، نوع)

4. 나는 주말에 친구들과 축구를 합니다.
(ألعب، الأسبوع، القدم، في، كرة، أصدقائي، مع، نهاية)

5. 누구와 함께 영화를 보러 가나요? (مع، لمشاهدة، من، تذهبين، الأفلام)

회화 테스트

1 هل تريد أن تذهب معي إلى السينما اليوم؟

오늘 저와 함께 영화관에 가시겠어요?

2 أشاهد التلفزيون مع أسرتي في البيت.

나는 집에서 가족과 함께 텔레비전을 봅니다.

3 هل يحب سالم أن يلعب كرة القدم مع أصدقائه؟

살림은 친구들과 축구 하는 것을 좋아합니까?

4 عندي هوايات كثيرة ومنها مشاهدة الأفلام وقراءة الكتب.

나에겐 여러가지 취미가 있는데 그중에 영화보기와 독서가 있습니다.

5 أين ستكون مباراة كرة القدم غدا؟

내일 어디에서 축구 경기가 있나요?

연습문제

본문을 듣고 질문에 답하시오.

문제 1 ماذا تفعل مريم عادة في نهاية الأسبوع؟

________________ .

문제 2 ما هواية سالم؟

________________ .

문제 3 أي نوع من الأفلام تحب مريم؟

________________ .

문제 4 빈칸에 들어갈 말로 알맞은 것을 고르시오.

A : مَاذَا تَفْعَلِينَ عَادَةً فِي نِهَايَةِ الْأُسْبُوعِ؟

B : أُشَاهِدُ فِيلْمًا فِي السِّينَمَا.

A : ________________ تُحِبِّينَ؟

B : أُحِبُّ كُلَّ أَنْوَاعِ الْأَفْلَامِ.

① بِكَمْ هَذَا الْكِتَابُ

② هَلْ تُرِيدِينَ أَنْ تَذْهَبِي مَعِي

③ مَاذَا تُشَاهِدِينَ فِي السِّينَمَا

④ أَيَّ نَوْعٍ مِنَ الْأَفْلَامِ

문제 5 빈칸에 들어갈 말로 알맞지 않은 것을 고르시오.

A : هَلْ تُحِبُّ أَنْ تَلْعَبَ كُرَةَ الْقَدَمِ؟

B : نَعَمْ. أُحِبُّ أَنْ أَلْعَبَ كُرَةَ الْقَدَمِ. إِذَنْ، مَا هِوَايَتُكَ؟

A : هِوَايَتِي ________.

① قِرَاءَةُ الْكُتُبِ

② مُشَاهَدَةُ الْأَفْلَامِ

③ الْقَمِيصُ الْأَسْوَدُ

④ السِّبَاحَةُ

제12과

كَيْفَ أَذْهَبُ إِلَى سُوقِ "نَام دَاي مُون"؟

남대문 시장에 어떻게 갑니까?

학습 목표

- 길 묻기 및 교통수단 표현
  يُمْكِنُ أَنْ... (가능성 동사) + 미완료 접속법 표현
  동사 명령형에 대한 이해

어휘

اَلثَّانِي عَشَرَ	제12의, 열두 번째의
أَذْهَبُ	나는 간다
سُوقٌ(ج. أَسْوَاقٌ)	시장
يُمْكِنُ أَنْ	~을(를) 할 수 있다
قَدَمٌ (ج. أَقْدَامٌ)	발
عَلَى الْقَدَمِ	걸어서, 도보로
بَعِيدَةٌ عَنْ	~에서 먼; 멀다(여성형)
مِتْرُو	지하철
مَحَطَّةٌ (ج. مَحَطَّاتٌ)	역, 정류장
اِمْشِ	걸으세요, 가세요(명령형)
إِلَى الأَمَامِ	앞으로
قَلِيلاً	조금
بَنْكٌ (ج. بُنُوكٌ)	은행
أَيٌّ	어느, 어떤
أَنْزِلُ	나는 내린다

اِنْزِلْ	내리세요(명령형)
ثُمَّ	그리고 나서
اُخْرُجْ	나가세요(명령형)
مَخْرَجٌ (ج. مَخَارِجُ)	출구
رَقْمٌ	번호
سَتَّةٌ	6, 여섯
أُوتُوبِيس	버스
قَادِمَةٌ	다음의, 오는(여성형)
قَرِيبَةٌ مِنْ	~에서 가까운; 가깝다(여성형)
يَسَارٌ	왼쪽

본문

أَحْمَدُ : كَيْفَ أَذْهَبُ إِلَى سُوقِ " نَام دَاي مُون"؟

هَلْ يُمْكِنُ أَنْ أَذْهَبَ إِلَيْهِ عَلَى الْقَدَمِ؟

남대문 시장에 어떻게 갑니까? 걸어서 갈 수 있나요?

سُو جِين : لاَ. هِيَ بَعِيدَةٌ عَنْ هُنَا. يُمْكِنُ أَنْ تَذْهَبَ إِلَيْهِ بِالْمِتْرُو.

아니오. 그곳은 여기에서 멉니다. 지하철을 타고 갈 수 있습니다.

أَحْمَدُ : أَيْنَ مَحَطَّةُ الْمِتْرُو؟

지하철역이 어디에 있나요?

سُو جِين : اِمْشِ إِلَى الْأَمَامِ قَلِيلاً. اَلْمَحَطَّةُ أَمَامَ الْبَنْكِ.

조금만 앞으로 걸어가세요. 역은 은행 앞에 있습니다.

أَحْمَدُ : فِي أَيِّ مَحَطَّةٍ أَنْزِلُ؟

어느 역에서 내리면 되나요?

سُو جِين : اِنْزِلْ فِي مَحَطَّةِ "هُوي هيُون".

ثُمَّ اُخْرُجْ مِنَ الْمَخْرِجِ رَقْمِ ٦ (سِتَّةٍ).

회현역에서 내리세요. 그리고 6번 출구로 나가세요.

أَحْمَدُ : شُكْرًا جَزِيلاً.

대단히 감사합니다.

سُو جِين : عَفْوًا.

천만에요.

문법

1 ...يُمْكِنُ أَنْ + 미완료 접속법 표현

이 표현은 '~을 할 수 있다'의 의미로, 뒤에 오는 동사에 따라서 주어의 성과 수를 표현할 수 있다. يُمْكِنُ 뒤에 접미인칭대명사가 부가되면 의미상의 주어가 되며, 이때 의미상의 주어인 접미인칭대명사와 접속사 أَنْ 다음에 오는 동사의 주어는 항상 일치한다.

예 당신은 지하철로 학교에 갈 수 있습니다. يُمْكِنُ أَنْ تَذْهَبَ إِلَى الْمَدْرَسَةِ بِالْمِتْرُو.

그는 아랍어를 읽을 수 있습니다. يُمْكِنُهُ أَنْ يَقْرَأَ اللُّغَةَ الْعَرَبِيَّةَ.

2 교통수단 표현에는 전치가 ...بِ 가 주로 사용된다.

예 나는 버스를 타고 대학교에 갑니다. أَذْهَبُ إِلَى الْجَامِعَةِ بِالْأُوتُوبِيس.

우리는 비행기를 타고 카이로로 갑니다. نَذْهَبُ إِلَى الْقَاهِرَةِ بِالطَّائِرَةِ.

3 아랍어 동사의 명령형

아랍어 동사의 명령형은 동사 미완료형에 보조모음이 부가되어 만들어진다. 보조모음은 특징모음이 ـُ 인 경우에는 أُ 가 되고, 특징모음이 ـَ 나 ـِ 인 경우에는 إِ 를 붙인다. 명령형 동사의 어말 모음은 상대방이 남성인 경우 수쿤(السُّكُونُ)으로, 상대방이 여성인 경우는 ـِي 로 붙인다.

동사	미완료형(2인칭 남성)	명령형(2인칭 남성)	명령형(2인칭 여성)
ذَهَبَ (가다)	تَذْهَبُ	اِذْهَبْ	اِذْهَبِي
كَتَبَ (쓰다)	تَكْتُبُ	أُكْتُبْ	أُكْتُبِي
رَكِبَ (타다)	تَرْكَبُ	اِرْكَبْ	اِرْكَبِي
نَزَلَ (내리다)	تَنْزِلُ	اِنْزِلْ	اِنْزِلِي

듣기 (정답은 본문 참조)

1

2

3

4

5

6

7

8

쓰기

1. 나는 대학교에 버스를 타고 갑니다. (أذهب، الجامعة، بالإوتوبيس، إلى)

2. 지하철 역이 여기에서 멉니까? (بعيدة، المترو، هنا، هل، عن، محطة)

3. 내가 걸어서 은행에 갈 수 있습니까?
(يمكن، إلى، القدم، هل، أن، أذهب، البنك، على)

4. 나는 다음역에서 내립니다. (أنزل، القادمة، في، المحطة)

5. 여기에서 가까운 역이 어디 있습니까? (من، أين، هنا، قريبة، محطة)

회화 테스트

1 هل يمكن أن تذهبي إلى السوق بالمترو؟

당신(여)은 지하철을 타고 시장에 갈 수 있나요?

2 ليس بيتي بعيدا عن هنا.

나의 집은 여기에서 멀지 않습니다.

3 كيف أذهب إلى محطة الأوتوبيس؟

버스 정류장에 어떻게 갑니까?

4 في أي محطة تنزلين؟

당신은 어느 역에서 내리나요?

5 انزل في هذه المحطة، ثم امش إلى اليسار قليلا.

이번 역에서 내려서 왼쪽으로 조금만 걸어가세요.

연습문제

본문을 듣고 질문에 답하시오.

문제 1 كيف يمكن أن يذهب أحمد إلى سوق " نام داي مون"؟

.

문제 2 هل سوق " نام داي مون" بعيدة عن هنا؟

.

문제 3 في أي محطة ينزل أحمد؟

.

문제 4 빈칸에 들어갈 말로 알맞지 않은 것을 고르시오.

A : هَلْ يُمْكِنُ أَنْ أَذْهَبَ سُوقِ " نَام دَاي مُون" عَلَى الْقَدَمِ؟

B : لاَ. هِيَ بَعِيدَةٌ عَنْ هُنَا. يُمْكِنُ أَنْ تَذْهَبَ إِلَيْهِ __________.

A : هَلْ تُرِيدُ أَنْ تَذْهَبَ مَعِي إِلَيْهَا؟

B : بِكُلِّ سُرُورٍ.

① بِالْمِتْرُو ② بِالتَّاكْسِي ③ بِالْأُتُوبِيس ④ بِالْمَحَطَّةِ

문제 5 빈칸에 들어갈 말로 알맞은 것을 고르시오.

A : فِي أَيِّ مَحَطَّةٍ أَنْزِلُ؟

B : ______ فِي مَحَطَّةِ "هُوي هُيون".

ثُمَّ اُخْرُجْ مِنَ الْمَخْرِجِ رَقْمِ ٦ (سِتَّةٍ).

A : شُكْرًا جَزِيلاً.

B : عَفْوًا.

① اِنْزِلْ ② يَنْزِلْ ③ تَنْزِلْ ④ تَنْزِلِي

제13과

كَمِ السَّاعَةُ الْآنَ؟

지금 몇 시입니까?

학습 목표

- 시각 표현
  서수에 대한 이해
  قَامَ 동사 미완료형 활용
  의문사 كَمْ 에 대한 이해

어휘

اَلثَّالِثَ عَشَرَ	제13의, 열세 번째의
سَاعَةٌ (ج. سَاعَاتٌ)	시계, 시각, 시간
تَقُومُ مِنَ النَّوْمِ	당신(남)은 (잠에서) 일어난다
أَقُومُ مِنَ النَّوْمِ	나는 (잠에서) 일어난다
اَلسَّادِسَةُ	제6의, 여섯 번째의
صَبَاحًا	아침에
اَلثَّامِنَةُ	제8의, 여덟 번째의
إِلاَّ	~을 제외하고
ثُلْثٌ	3분의 1, 20분
تَرْجِعُ	당신(남)은 돌아온다
أَرْجِعُ	나는 돌아온다
اَلْخَامِسَةُ	제5의, 다섯 번째의
نِصْفٌ	2분의 1, 절반, 30분
تَقْرِيبًا	대략
اَلْآنَ	지금

رُبْعٌ	4분의 1, 15분
وَاللهِ	정말, 맹세코
مُتَأَخِّرٌ	늦은; 늦다
اِنْتِظَارٌ	기다림
أَرَاكِ	나는 당신(여)을 만난다
إِنْ شَاءَ اللهُ	알라가 원하신다면
تَحْضُرُ إِلَى	당신(남)은 ~에 온다
أَحْضُرُ إِلَى	나는 ~에 온다
أَنَامُ	나는 잔다
لَيْلاً	밤에
حَتَّى	~까지

본문

سُومِي : فِي أَيِّ سَاعَةٍ تَقُومُ مِنَ النَّوْمِ عَادَةً؟

보통 몇 시에 일어나세요?

فَرِيدٌ : أَقُومُ مِنَ النَّوْمِ عَادَةً فِي السَّادِسَةِ صَبَاحًا.

보통 아침 6시에 일어납니다.

سُومِي : مَتَى تَذْهَبُ إِلَى الْمَدْرَسَةِ؟

언제 학교에 가세요?

فَرِيدٌ : أَذْهَبُ إِلَيْهَا فِي الثَّامِنَةِ إِلاَّ ثُلْثًا.

7시 40분에 갑니다.

سُومِي : وَفِي أَيِّ سَاعَةٍ تَرْجِعُ إِلَى الْبَيْتِ مِنَ
الْمَدْرَسَةِ؟

몇 시에 학교에서 집으로 돌아오나요?

فَرِيدٌ : أَرْجِعُ فِي الْخَامِسَةِ وَالنِّصْفِ تَقْرِيبًا. كَمِ السَّاعَةُ الْآنَ؟

대략 5시 30분에 돌아옵니다. 지금 몇 시입니까?

سُومِي : اَلسَّاعَةُ الْآنَ السَّادِسَةُ إِلاَّ رُبْعًا.

지금 5시 45분입니다.

فَرِيدٌ : وَاللهِ؟ أَنَا مُتَأَخِّرٌ. أُمِّي فِي انْتِظَارِنِي. أَرَاكِ غَدًا، إِنْ شَاءَ اللهُ.

정말이에요? 저 늦었어요. 어머니께서 기다리세요. 내일 만나요.

سُومِي : مَعَ السَّلاَمَةِ. إِلَى اللِّقَاءِ.

잘 가요. 또 만나요.

문법

1 서수 표현

서수	제 ~ (번째) 과	제 ~ (번째) 정거장
제1의	اَلدَّرْسُ الْأَوَّلُ	اَلْمَحَطَّةُ الْأُولَى
제2의	اَلدَّرْسُ الثَّانِي	اَلْمَحَطَّةُ الثَّانِيَةُ
제3의	اَلدَّرْسُ الثَّالِثُ	اَلْمَحَطَّةُ الثَّالِثَةُ
제4의	اَلدَّرْسُ الرَّابِعُ	اَلْمَحَطَّةُ الرَّابِعَةُ
제5의	اَلدَّرْسُ الْخَامِسُ	اَلْمَحَطَّةُ الْخَامِسَةُ
제6의	اَلدَّرْسُ السَّادِسُ	اَلْمَحَطَّةُ السَّادِسَةُ
제7의	اَلدَّرْسُ السَّابِعُ	اَلْمَحَطَّةُ السَّابِعَةُ
제8의	اَلدَّرْسُ الثَّامِنُ	اَلْمَحَطَّةُ الثَّامِنَةُ
제9의	اَلدَّرْسُ التَّاسِعُ	اَلْمَحَطَّةُ التَّاسِعَةُ
제10의	اَلدَّرْسُ الْعَاشِرُ	اَلْمَحَطَّةُ الْعَاشِرَةُ
제11의	اَلدَّرْسُ الْحَادِيَ عَشَرَ	اَلْمَحَطَّةُ الْحَادِيَةَ عَشْرَةَ
제12의	اَلدَّرْسُ الثَّانِي عَشَرَ	اَلْمَحَطَّةُ الثَّانِيَةَ عَشْرَةَ

2 시각 표현

1) 시각은 서수로 표현하는데 1시는 서수를 쓰지 않고 기수를 사용하여 표현한다.

1시	اَلسَّاعَةُ الْوَاحِدَةُ
2시	اَلسَّاعَةُ الثَّانِيَةُ
3시	اَلسَّاعَةُ الثَّالِثَةُ
4시	اَلسَّاعَةُ الرَّابِعَةُ
5시	اَلسَّاعَةُ الْخَامِسَةُ
6시	اَلسَّاعَةُ السَّادِسَةُ
7시	اَلسَّاعَةُ السَّابِعَةُ
8시	اَلسَّاعَةُ الثَّامِنَةُ
9시	اَلسَّاعَةُ التَّاسِعَةُ
10시	اَلسَّاعَةُ الْعَاشِرَةُ
11시	اَلسَّاعَةُ الْحَادِيَةَ عَشْرَةَ
12시	اَلسَّاعَةُ الثَّانِيَةَ عَشْرَةَ

2) 분은 기수로 표현한다.

1분	دَقِيقَةٌ	3분	ثَلَاثُ دَقَائِقَ	10분	عَشْرُ دَقَائِقَ
11분	إِحْدَى عَشْرَةَ دَقِيقَةً	25분	خَمْسٌ وَعِشْرُونَ دَقِيقَةً		

3) 분 중에서 15분과 20분, 30분은 일반적으로 분수로 표현한다.

15분	الرُّبْعُ	20분	الثُّلْثُ	30분	النِّصْفُ

4) 몇 분전의 경우는 إِلَّا 를 사용하여 표현한다.

5분 전	إِلَّا خَمْسَ دَقَائِقَ	15분 전	إِلَّا رُبْعًا	20분 전	إِلَّا ثُلْثًا

3 قَامَ (일어나다) 동사 미완료형 활용

أَنَا	أَنْتِ	أَنْتَ	هِيَ	هُوَ
أَقُومُ	تَقُومِينَ	تَقُومُ	تَقُومُ	يَقُومُ

4 의문사 كَمْ 에 대한 이해

의문사 كَمْ 은 수량을 물을 경우 뒤에 비한정 단수 명사 목적격이 오고 가격, 무게, 시각 등을 물을 때는 한정 단수 명사 주격이 온다.

예 몇 권의 책을 가지고 있습니까? كَمْ كِتَابًا عِنْدَكَ؟

지금 몇 시입니까? كَمِ السَّاعَةُ الْآنَ؟

듣기 (정답은 본문 참조)

1

2

3

4

5

6

7

8

9

쓰기

1. 라일라는 아침 8시에 학교에 갑니다.
(ليلى، صباحا، الثامنة، في، إلى، تذهب، الساعة، المدرسة)

2. 무함마드는 보통 아침 6시에 일어납니다.
(النوم، من، عادة، يقوم، السادسة، صباحا، في، محمد)

3. 내일 몇 시에 학교에 올 거예요?
(غدا، المدرسة، أي، ستحضر، في، ساعة، إلى)

4. 그는 대략 7시 30분에 돌아옵니다.
(السابعة، الساعة، تقريبا، يرجع، في، والنصف)

5. 나는 밤 11시에 잡니다. (ليلا، في، أنام، الحادية، الساعة، عشرة)

회화 테스트

1 تدرس سعاد من الساعة الثانية حتى الساعة الخامسة عادة.

수아드는 보통 2시에서 5시까지 공부합니다.

2 أحضر إلى المدرسة في الثامنة إلا ربعا.

나는 7시 45분에 학교에 옵니다.

3 في أي ساعة ترجعين إلى بيتك؟

당신(여)는 몇 시에 집으로 돌아옵니까?

4 الساعة الآن الخامسة إلا ثلثا.

지금은 4시 40분입니다.

5 صديقي في انتظاري أمام المكتبة.

내 친구가 도서관 앞에서 나를 기다리고 있습니다.

연습문제

본문을 듣고 질문에 답하시오.

문제 1 في أي ساعة يقوم فريد من النوم عادة؟

.

문제 2 متى يحضر فريد إلى المدرسة؟

.

문제 3 في أي ساعة يرجع فريد إلى البيت من المدرسة؟

.

문제 4 빈칸에 들어갈 말로 알맞은 것을 고르시오.

A : مَتَى تَرْجِعُ إِلَى الْبَيْتِ مِنَ الْمَدْرَسَةِ؟

B : أَرْجِعُ فِي الْخَامِسَةِ وَالنِّصْفِ تَقْرِيبًا.

________ الْآنَ؟

A : اَلسَّاعَةُ الْآنَ السَّادِسَةُ إِلاَّ رُبْعًا.

① كَمِ السِّعْرُ ② كَمِ السَّاعَةُ ③ كَمِ الْكِيلُو ④ كَمْ كِتَابًا

문제 5 빈칸에 들어갈 말로 알맞은 것을 고르시오.

A : مَتَى تَحْضُرُ إِلَى الْمَدْرَسَةِ؟

B : أَحْضُرُ إِلَيْهَا بَعْدَ نِصْفِ سَاعَةٍ.

A : كَمِ السَّاعَةُ الْآنَ؟

B : اَلسَّاعَةُ الْآنَ الثَّامِنَةُ تَمَامًا.

A : إِذَنْ، تَحْضُرُ فِي السَّاعَةِ ________________.

① السَّابِعَةِ وَالنِّصْفِ ② الثَّامِنَةِ

③ الثَّامِنَةِ وَالنِّصْفِ ④ التَّاسِعَةِ

제14과

مَاذَا تُرِيدُ أَنْ تَأْكُلَ؟

무엇을 드시겠습니까?

학습 목표

- 음식 주문과 관련된 표현
  연결형
  مِنْ فَضْلِكَ 표현
  권유의 표현 تَفَضَّلْ

어휘

اَلرَّابِعَ عَشَرَ	제14의, 열네 번째의
قَائِمَةٌ (ج. قَوَائِمُ)	목록, 리스트
طَعَامٌ (ج. أَطْعِمَةٌ)	음식
عَامِلُ الْمَطْعَمِ	식당 종업원
تَفَضَّلْ	자, ~하세요
آكُلَ	나는 ~을(를) 먹는다(접속법)
كَبَابٌ	케밥
شُورْبَةٌ	스프
خُضَرٌ	채소
تَأْكُلَ	당신(남)은 ~을(를) 먹는다(접속법)
طَبَقٌ (ج. أَطْبَاقٌ)	요리, 접시
خَرُوفٌ	양
مَشْوِيٌّ	구운
أُرْزٌ	밥, 쌀
شَيْءٌ (ج. أَشْيَاءُ)	(어떤) 것

تَشْرَبُ	당신(남)은 ~을(를) 마신다
سَلَطَةٌ	샐러드
عَصِيرٌ	주스
لَيْمُونٌ	레몬
يَكْفِي	그것(남성)은 충분하다
خُبْزٌ	빵
بُرْتُقَالٌ	오렌지
قَهْوَةٌ	커피
شَايٌ	차
سَمَكٌ	생선
دَجَاجٌ	닭

본문

خَالِدٌ : قَائِمَةَ الطَّعَامِ، مِنْ فَضْلِكَ.

메뉴를 주세요.

عَامِلُ الْمَطْعَمِ : هَذِهِ هِيَ قَائِمَةُ الطَّعَامِ، تَفَضَّلْ.

여기 메뉴가 있습니다.

خَالِدٌ : أُرِيدُ أَنْ آكُلَ الْكَبَابَ وَشُورْبَةَ الْخُضَرِ.

وَمَاذَا تُرِيدُ أَنْ تَأْكُلَ، يَا أَحْمَدُ؟

나는 케밥과 야채 수프를 먹겠습니다. 아흐마드, 너는 무엇을 먹고 싶니?

أَحْمَدُ : مَا طَبَقُ الْيَوْمِ؟

오늘의 요리가 무엇입니까?

عَامِلُ الْمَطْعَمِ : طَبَقُ الْيَوْمِ هُوَ خَرُوفٌ مَشْوِيٌّ مَعَ الأُرْزِ.

오늘의 요리는 구운 양고기와 밥입니다.

أَحْمَدُ : طَيِّبٌ، أُرِيدُ ذَلِكَ.

좋습니다. 그것을 원합니다.

عَامِلُ الْمَطْعَمِ : هَلْ تُرِيدُ شَيْئًا آخَرَ؟ وَمَاذَا تَشْرَبُ؟

다른 것을 원하십니까? 무엇을 마시겠습니까?

خَالِدٌ: نَعَمْ، أُرِيدُ السَّلَطَةَ وَعَصِيرَ اللَّيْمُونِ.

هَلْ تُرِيدُ شَيْئًا آخَرَ، يَا أَحْمَدُ؟

샐러드와 레몬 주스를 원합니다. 아흐마드, 다른 것을 원하니?

أَحْمَدُ : لاَ. شُكْرًا. هَذَا يَكْفِي.

아니. 고마워. 이거면 충분해.

문법

1 연결형

연결형은 두 개 이상의 명사가 연결되어 '~의'라는 의미를 나타낸다. 연결형의 제1요소는 격 변화를 하지만, 제2요소는 항상 소유격을 취한다.

예 메뉴 قَائِمَةُ الطَّعَامِ

레몬 주스 عَصِيرُ اللَّيْمُونِ

2 مِنْ فَضْلِكَ '부디', '제발', '좀'의 용법

남에게 정중하게 요청할 때 쓰는 표현으로 주로 명령형 동사와 함께 사용된다.

예 물 좀 주세요. أَعْطِنِي الْمَاءَ مِنْ فَضْلِكَ.

(당신의) 이름과 주소를 써 주세요. أُكْتُبْ اسْمَكَ وَعُنْوَانَكَ مِنْ فَضْلِكَ.

3 أَكَلَ (먹다) 와 شَرِبَ (마시다) 동사 미완료형 활용

أَنَا	أَنْتِ	أَنْتَ	هِيَ	هُوَ
آكُلُ	تَأْكُلِينَ	تَأْكُلُ	تَأْكُلُ	يَأْكُلُ
أَشْرَبُ	تَشْرَبِينَ	تَشْرَبُ	تَشْرَبُ	يَشْرَبُ

4 권유의 표현 تَفَضَّلْ

'자~ 하세요'라는 의미로 상대방에게 무엇인가를 권유하기 위한 표현이다. 상대방이 여성일 경우 تَفَضَّلِي를 사용한다.

예 앉으세요(남자에게). تَفَضَّلْ بِالْجُلُوسِ.

이 의자에 좀 앉으세요(여자에게). تَفَضَّلِي عَلَى هَذَا الْكُرْسِيِّ.

듣기 (정답은 본문 참조)

1

2

3

4

5

6

7

8

9

쓰기

1. 칼리드는 아랍 식당에서 케밥과 빵을 먹습니다.
(المطعم، في، خالد، الكباب، العربي، الخبز، يأكل)

2. 당신은 커피를 원합니까 아니면 차를 원합니까?
(تريد، أم، الشاي، هل، القهوة)

3. 오늘의 요리는 생선과 닭고기 수프입니다.
(هو، اليوم، شوربة، طبق، السمك، الدجاج)

4. 당신은 오늘 저녁 한식을 먹을 것입니까?
(الكوري، مساء، هل، الطعام، اليوم، ستأكلين)

5. 오늘은 새로운 것을 먹어보고 싶습니다.
(أن، شيئا، اليوم، آكل، جديدا، أريد)

회화 테스트

1 هل تحب أن تشرب القهوة العربية؟

당신은 아랍 커피 마시는 것을 좋아합니까?

2 يريد أحمد أن يأكل الدجاج والسلطة.

아흐마드는 닭고기와 샐러드를 먹고 싶습니다.

3 أعطني الشاي مع الخبز، من فضلك.

빵과 함께 차를 주세요.

4 تريد سميرة أن تشرب عصير البرتقال.

사미라는 오렌지 주스를 마시고 싶습니다.

5 لا أريد شيئا آخر. هذا يكفي.

나는 다른 것을 원하지 않습니다. 이거면 충분합니다.

연습문제

본문을 듣고 질문에 답하시오.

문제 1 ماذا يريد خالد أن يأكل؟

.

문제 2 ما طبق اليوم؟

.

문제 3 هل يريد أحمد السلطة وعصير الليمون؟

.

문제 4 빈칸에 들어갈 말로 알맞은 것을 고르시오.

خَالِدٌ : قَائِمَةَ الطَّعَامِ، ___________.

عَامِلُ الْمَطْعَمِ : هَذِهِ هِيَ قَائِمَةُ الطَّعَامِ، تَفَضَّلْ.

خَالِدٌ : أُرِيدُ الْكَبَابَ وَالسَّلَطَةَ.

① أَهْلاً بِكَ ② مِنْ فَضْلِكَ

③ فُرْصَةٌ سَعِيدَةٌ ④ فِكْرَةٌ جَمِيلَةٌ

문제 5 빈칸에 들어갈 말로 알맞지 않은 것을 고르시오.

A : أُرِيدُ طَبَقَ الْيَوْمِ.

B : هَلْ تُرِيدُ شَيْئًا آخَرُ؟ وَمَاذَا تُرِيدُ أَنْ تَشْرَبَ؟

A : أُرِيدُ أَنْ أَشْرَبَ __________.

① عَصِيرَ اللَّيْمُونِ ② الْكَبَابَ

③ الْمَاءَ ④ الْقَهْوَةَ

제15과

آلُو

여보세요

학습 목표

- 전화 통화와 관련된 표현
  청유형에 대한 이해
  형용사 부정 غَيْرٌ 에 대한 이해
  동사의 미래시제

어휘

اَلْخَامِسَ عَشَرَ	제15의, 열다섯 번째의
مَوْجُودٌ	있는, 존재하는; 있다, 존재한다
غَيْرٌ	~이 아닌; ~이 아니다
يَتَكَلَّمُ	그(남)는 말한다
سَـ	~할 것이다(미래시제 접두어)
أَتَّصِلُ	나는 연락한다
مَرَّةٌ (ج. مَرَّاتٌ)	~번
أُخْرَى	다른(آخَرُ 의 여성형)
مَرَّةً أُخْرَى	다시 한번
تِلِيفِزِيُون	텔레비전
تَذْكِرَةٌ (ج. تَذَاكِرُ)	표, 티켓
مَعْرِضٌ (ج. مَعَارِضُ)	전시회
هَيَّا	~합시다
نَذْهَبْ	우리 갑시다(청유)(단축법)
مَعًا	함께

مَعَ الْأَسَفِ	유감스럽게도
لاَ بَأْسَ	괜찮습니다
فُرْصَةٌ (ج. فُرَصٌ)	기회
أَلْفٌ (ج. آلاَفٌ)	1000, 천
أَلْفُ شُكْرٍ	매우 고맙습니다
أَتَكَلَّمُ	나는 말한다

본문

حَسَنٌ : آلُو، هَلْ عَلِيٌّ مَوْجُودٌ؟

여보세요, 알리 있습니까?

أُمُّ حَسَنٍ : لاَ. هُوَ غَيْرُ مَوْجُودٍ الْآنَ. مَنْ يَتَكَلَّمُ؟

아니오. 지금 없는데요. 누구십니까?

حَسَنٌ : يَتَكَلَّمُ حَسَنٌ صَدِيقُ عَلِيٍّ. مَتَى يَرْجِعُ؟

알리 친구 하산입니다. 언제 돌아오나요?

أُمُّ حَسَنٍ : يَرْجِعُ بَعْدَ سَاعَةٍ، إِنْ شَاءَ اللهُ.

한 시간 후에 돌아올거야.

حَسَنٌ : إِذَنْ، سَأَتَصِّلُ مَرَّةً أُخْرَى.

그러면, 다시 연락드리겠습니다.

....

حَسَنٌ : مَرْحَبًا. مَاذَا تَفْعَلُ الْآنَ؟

안녕. 지금 뭐하니?

عَلِيٌّ : أُشَاهِدُ التِّلِيفِزِيُونَ.

나 텔레비전 보고 있어.

حَسَنٌ : عِنْدِي تَذَاكِرُ لِمَعْرِضِ الْكِتَابِ. هَيَّا نَذْهَبْ مَعًا غَدًا مَسَاءً.

나한테 도서 전시회 티켓이 있는데. 내일 저녁에 함께 가자.

عَلِيٌّ : مَعَ الْأَسَفِ، عِنْدِي مَوْعِدٌ آخَرُ مَسَاءَ الْغَدِ.

유감이지만, 내일 저녁에 다른 약속이 있어.

حَسَنٌ : لَا بَأْسَ، فِي فُرْصَةٍ أُخْرَى.

괜찮아. 다음 기회에 (가자).

عَلِيٌّ : أَلْفُ شُكْرٍ، يَا حَسَنُ.

정말 고마워, 하산.

문법

1 청유형 'هَيَّا'의 표현

هَيَّا 뒤에 미완료 동사의 단축법이 오면 청유형 '~합시다'의 표현이 된다.

예 우리 가자. هَيَّا نَذْهَبْ.

읽어봅시다. هَيَّا نَقْرَأْ.

2 형용사 부정 'غَيْرٌ' 표현

غَيْرٌ 은 형용사와 연결형을 이루어 부정의 뜻을 나타낸다.

예 그는 부재 중이다. هُوَ غَيْرُ مَوْجُودٍ.

그녀는 부재 중이다. هِيَ غَيْرُ مَوْجُودَةٍ.

이것은 적당하지 않다. هَذَا غَيْرُ مُنَاسِبٍ.

3 동사의 미래 시제

미완료 동사 앞에 سَـ..... 또는 سَوْفَ 를 부가하여 미래 시제를 나타낸다.

예 내일 당신(여)은 무엇을 할 것입니까? مَاذَا سَتَفْعَلِينَ غَدًا؟

제가 다시 연락드리겠습니다. سَأَتَصِّلُ مَرَّةً أُخْرَى.

듣기 (정답은 본문 참조)

1

2

3

4

5

6

7

8

9

10

11

쓰기

1 하산은 지금 집에 없는데요. (في، الآن، غير ، حسن، البيت، موجود)

2 누구와 통화하고 싶습니까? (تريد، تتكلم، مع، أن، من)

3 그녀에게 자동차 전시회 티켓이 있어.
(تذاكر ، عندها، السيارات، معرض)

4 내일 도서 전시회에 함께 가자.
(نذهب، معا، معرض، إلى، غدا، هيا، الكتاب)

5 한 시간 후에 다시 연락드리겠습니다.
(مرة، سأتصل، بعد، أخرى، ساعة)

회화 테스트

1 ماذا تفعلين الآن، يا كريمة؟

카리마, 지금 뭐하고 있니?

2 تتكلم فاطمة صديقة سميرة.

사미라 친구 파띠마입니다.

3 عندي موعد مع صديقي مساء اليوم.

오늘 저녁에 친구와 약속이 있습니다.

4 أريد أن أتكلم مع السيد محمد.

무함마드씨와 통화하고 싶습니다.

5 متى ستتصل مرة أخرى؟

언제 다시 연락할건가요?

연습문제

본문을 듣고 질문에 답하시오.

문제 1 هل علي موجود الآن؟

.

문제 2 متى يرجع علي؟

.

문제 3 إلى أين يريد حسن أن يذهب مع علي؟

.

문제 4 빈칸에 들어갈 말로 알맞은 것을 고르시오.

A : آلُو، هَلْ عَلِيٌّ مَوْجُودٌ؟

B : لاَ. هُوَ غَيْرُ مَوْجُودٍ الْآنَ. _____________؟

A : يَتَكَلَّمُ خَلِيلٌ، صَدِيقُ عَلِيٍّ. مَتَى يَرْجِعُ؟

B : يَرْجِعُ بَعْدَ سَاعَةٍ، إِنْ شَاءَ اللهُ.

① مَنْ يَتَكَلَّمُ ② اَلرَّقْمُ خَطَأٌ

③ سَأَتَّصِلُ بِكَ ④ يَرْجِعُ عَلِيٌّ

문제 5 빈칸에 들어갈 말로 알맞은 것을 고르시오.

A : عِنْدِي تَذَاكِرُ لِمَعْرِضِ الْكِتَابِ.

هَيَّا نَذْهَبْ مَعًا غَدًا مَسَاءً.

B : ________ ،عِنْدِي مَوْعِدٌ آخَرُ مَسَاءَ الْغَدِ.

A : لاَ بَأْسَ، فِي فُرْصَةٍ أُخْرَى.

B : أَلْفُ شُكْرٍ، يَا حَسَنُ.

① مِنْ فَضْلِكَ

② تَفَضَّلْ

③ طَيِّبٌ

④ مَعَ الْأَسَفِ

제16과

فِي الْمُسْتَشْفَى

병원에서

학습 목표

- 신체상태를 나타내는 표현
  신체부위 명칭에 대한 이해
  명령형 خُذْ에 대한 이해
  쌍수(양수)에 대한 이해

어휘

اَلسَّادِسَ عَشَرَ	제16의, 열여섯 번째의
أَشْعُرُ بِـ	나는 ~을 느낀다
أَلَمٌ (ج. آلاَمٌ)	아픔, 통증
بَطْنٌ	배, 복부
صُدَاعٌ	두통
قَيْءٌ	구토
قَلِيلاً	조금
أَفْحَصُ	나는 ~을 검사한다, 진찰한다
صَدْرٌ	가슴
سَمَّاعَةٌ	청진기
حُمَّى	열(여성명사)
خَفِيفَةٌ	가벼운; 가볍다(여성형)
وَصْفَةُ الْعِلاَجِ	처방전
قُرْصٌ (ج. أَقْرَاصٌ)	알약, 정제
حُقْنَةٌ	주사

آخُذُ	나는 ~을 먹는다
دَوَاءٌ (ج. أَدْوِيَةٌ)	약
أَكْلٌ	식사, 먹는 것
يَوْمَيْنِ	2일, 이틀(소유격, 목적격)
مُنْذُ	~이후로
شَدِيدٌ	심한, 강한

본문

اَلطَّبِيبُ : مَاذَا عِنْدَكَ؟

무슨 증상이 있습니까?

حَامِدٌ : أَشْعُرُ بِأَلَمٍ فِي بَطْنِي.

배에 통증을 느낍니다.

اَلطَّبِيبُ : هَلْ عِنْدَكَ صُدَاعٌ؟

두통이 있습니까?

حَامِدٌ : لاَ. وَلَكِنْ عِنْدِي قَيْءٌ قَلِيلاً.

아니오. 하지만 구토 증상이 조금 있습니다.

اَلطَّبِيبُ : سَأَفْحَصُ صَدْرَكَ بِالسَّمَّاعَةِ.

제가 청진기로 가슴을 진찰해 보겠습니다.

حَامِدٌ : مَاذَا عِنْدِي؟

제게 무슨 증상이 있습니까?

اَلطَّبِيبُ : عِنْدَكَ حُمَّى خَفِيفَةٌ، وَوَصْفَةُ الْعِلاَجِ أَقْرَاصٌ وَحُقْنَةٌ.

미열이 있습니다. 처방전은 알약과 주사입니다.

حَامِدٌ : كَمْ مَرَّةً آخُذُ دَوَاءً فِي الْيَوْمَ؟

하루에 몇 번 약을 복용합니까?

اَلطَّبِيبُ : خُذْ الدَّوَاءَ ثَلاَثَ مَرَّاتٍ بَعْدَ الْأَكْلِ. وَارْجِعْ بَعْدَ يَوْمَيْنِ.

식후 세 번 약을 드십시오. 그리고 이틀 후에 오십시오.

حَامِدٌ : شُكْرًا.

감사합니다.

문법

1 신체부위 명칭에 대한 이해

머리	رَأْسٌ	목	رَقَبَةٌ	배	بَطْنٌ
눈	عَيْنٌ	심장	قَلْبٌ	무릎	رُكْبَةٌ
코	أَنْفٌ	가슴	صَدْرٌ	다리	رِجْلٌ
입	فَمٌ	팔	ذِرَاعٌ	발	قَدَمٌ
귀	أُذْنٌ	손	يَدٌ	등	ظَهْرٌ

2 명령형 خُذْ 에 대한 이해

خُذْ 는 أَخَذَ 의 명령형으로 '~을 가지세요', '드세요'라는 의미이다. 상대방이 여성일 때 명령형은 خُذِي 이다.

예 그의 사진을 찍어주세요. خُذْ صُورَةً لَهُ.

이것을 가지고 가세요(상대방이 여성일 때). خُذِي هَذَا مَعَكِ.

3 쌍수(양수)에 대한 이해

아랍어의 수에는 한 개를 나타내는 단수, 두 개를 나타내는 쌍수(양수), 세 개 이상을 나타내는 복수가 있다. 한 개나 두 개를 나타내는 경우에는 숫자 없이 단어의 단수나 쌍수 형태로만 사용되나 강조의 의미로 숫자와 같이 사용되기도 한다.

의미	주격	소유격	목적격
책 1권	كِتَابٌ	كِتَابٍ	كِتَابًا
책 2권	كِتَابَانِ	كِتَابَيْنِ	

예 가방에는 공책 한 권이 있다. فِي الْحَقِيبَةِ دَفْتَرٌ وَاحِدٌ.

나에게는 아들 하나와 딸 둘이 있다. لِي وَلَدٌ وَبِنْتَانِ.

듣기 (정답은 본문 참조)

1

2

3

4

5

6

7

8

9

10

쓰기

1 언제부터 배에 통증을 느꼈습니까? (في، تشعر، متى، بألم، بطنك، منذ)

2 두통과 구토 증상이 조금 있습니다. (عندي، قليلا، صداع، وقيء)

3 의사가 청진기로 하미드의 가슴을 진찰합니다.
(حامد، يفحص، بالسماعة، الطبيب، صدر)

4 사흘 후에 다시 오세요. (بعد، أيّام، أخرى، ارجع، مرّة، ثلاثة)

5 식후에 이 약을 드십시오. (بعد، هذا، خذ، الدواء، الأكل)

회화 테스트

1 يشعر حامد بألم في صدره.

하미드는 가슴에 통증을 느낍니다.

2 هل تشعرين بألم شديد في قدمكِ؟

당신(여)은 발에 심한 통증을 느낍니까?

3 آخذ الدواء ثلاث مرّات بعد الأكل.

나는 식후 세 번 약을 먹습니다.

4 كم مرّة تأخذين الدواء في اليوم؟

당신은 하루에 몇 번 약을 복용합니까?

5 سأكتب لك وصفة العلاج.

처방전을 써드리겠습니다.

연습문제

본문을 듣고 질문에 답하시오.

문제 1 هل يشعر حامد بألم في صدره؟

.

문제 2 هل عند حامد صداع؟

.

문제 3 كم مرة يأخذ حامد الدواء في اليوم؟

.

문제 4 빈칸에 들어갈 말로 알맞은 것을 고르시오.

A : عِنْدِي قَيْءٌ قَلِيلاً.

B : سَأَفْحَصُ صَدْرَكَ بِالسَّمَّاعَةِ.

A : ____________؟

B : عِنْدَكَ حُمَّى خَفِيفَةٌ.

① هَلْ عِنْدَكَ صُدَاعٌ ② مَتَى تَرْجِعُ

③ كَمْ مَرَّةً آخُذُ ④ مَاذَا عِنْدِي

문제 5 빈칸에 들어갈 말로 알맞은 것을 고르시오.

A : وَصْفَةُ الْعِلاَجِ : أَقْرَاصٌ وَحُقْنَةٌ.

B : ________ آخُذُ دَوَاءً فِي الْيَوْمَ؟

A : خُذْ الدَّوَاءَ ثَلاَثَ مَرَّاتٍ بَعْدَ الْأَكْلِ.

B : شُكْرًا.

① هَلْ تُرِيدُ دَوَاءً ② مَاذَا عِنْدَكَ

③ كَمْ مَرَّةً ④ فِي أَيِّ سَاعَةٍ

제17과

عِيدُ مِيلَادٍ سَعِيدٌ

생일 축하합니다

학습 목표

- 초대와 축하, 승낙에 대한 표현
  요일명과 월명에 대한 이해
  인사말 كُلُّ عَامٍ وَأَنْتِ بِخَيْرٍ에 대한 이해

어휘

اَلسَّابِعَ عَشَرَ	제17의, 열일곱 번째의
أَدْعُوَ إِلَى	나는 ~로 초대한다(접속법)
عَشَاءٌ	저녁식사
يَوْمُ الْأَحَدِ	일요일
حَقًّا	정말로, 진실로
تُوجَدُ	~이 있다(여성형)
مُنَاسَبَةٌ (ج. مُنَاسَبَاتٌ)	행사
عِيدُ مِيلَادٍ	생일
مَبْرُوكٌ	축하하는; 축하한다
كُلُّ عَامٍ وَأَنْتِ بِخَيْرٍ	매년 당신(여성)이 잘 지내길 빕니다
تَقْبَلَ	당신(남)은 ~을(를) 수락한다(접속법)
دَعْوَةٌ	초대
أَحْضُرُ	나는 ~에 참석한다
حَفْلَةٌ (ج. حَفَلَاتٌ)	파티
نَتَقَابَلُ	우리는 만난다
أَرَاكِ	나는 당신(여)을 만난다

본문

سَمِيرَةُ : أُرِيدُ أَنْ أَدْعُوَكَ إِلَى الْعَشَاءِ يَوْمَ الأَحَدِ الْقَادِمِ.

나는 오는 일요일 저녁 식사에 너를 초대하고 싶어.

كَمَالٌ : حَقًّا؟ هَلْ تُوجَدُ مُنَاسَبَةٌ؟

정말? 행사가 있어?

سَمِيرَةُ : نَعَمْ، الْغَدُ عِيدُ مِيلَادِي.

응, 내일이 내 생일이야.

كَمَالٌ : آه ، مَبْرُوكٌ. عِيدُ مِيلَادِكِ سَعِيدٌ، وَكُلُّ عَامٍ وَأَنْتِ بِخَيْرٍ.

아, 축하한다. 네 생일을 축하해, 매년 네가 잘 지내길 빌어.

سَمِيرَةُ : هَلْ يُمْكِنُ أَنْ تَقْبَلَ دَعْوَتِي؟

내 초청을 받아줄 수 있어?

كَمَالٌ : طَبْعًا، كَيْفَ لاَ أَحْضُرُ حَفْلَةَ عِيدِ مِيلَادِكِ؟

물론이지. 어떻게 내가 네 생일파티에 안 가겠어?

سَمِيرَةُ : شُكْرًا. سَأَكُونُ بِانْتِظَارِكَ فِي مَطْعَمِ "سَلاَمٌ".

고마워. "살람" 식당에서 기다릴게.

كَمَالٌ : فِي أَيِّ سَاعَةٍ نَتَقَابَلُ؟

우리 몇 시에 만날까?

سَمِيرَةُ : فِي السَّاعَةِ السَّادِسَةِ وَالنِّصْفِ.

6시 30분에.

كَمَالٌ : أَرَاكِ يَوْمَ الْأَحَدِ، إِنْ شَاءَ اللهُ.

일요일에 보자. 인샬라.

문법

1 요일명과 월(月)명 표현

일요일	월요일	화요일	수요일	목요일	금요일	토요일
يَوْمُ الْأَحَدِ	يَوْمُ الِاثْنَيْنِ	يَوْمُ الثُّلَاثَاءِ	يَوْمُ الْأَرْبِعَاءِ	يَوْمُ الْخَمِيسِ	يَوْمُ الْجُمْعَةِ	يَوْمُ السَّبْتِ

시간 부사로 목적격으로 사용되거나 전치사 فِي를 이용하여 나타낸다. 종종 يَوْمُ가 생략되기도 한다.

1월	2월	3월	4월	5월	6월
يَنَايِر	فِبْرَايِر	مَارِس	أَبْرِيل	مَايُو	يُونْيُو
7월	**8월**	**9월**	**10월**	**11월**	**12월**
يُولْيُو	أُغُسْطُس	سِبْتَمْبِر	أُكْتُوبِر	نُوفِمْبِر	دِيسَمْبِر

2 인사말 كُلُّ عَامٍ وَأَنْتُمْ(أَنْتَ، أَنْتِ) بِخَيْرٍ에 대한 이해

كُلُّ عَامٍ وَأَنْتُمْ(أَنْتَ، أَنْتِ) بِخَيْرٍ는 '매년 당신이 잘 지내길 빕니다'라는 의미로 아랍인이 사용하는 다양한 인사말 중에 생일, 명절, 축제 등 1년을 주기로 돌아오는 행사를 맞이하여 사용되는 인사말이다. 따라서, 상황에 따라 '생일 축하합니다', '새해 복 많이 받으세요', '즐거운 축제 되세요'의 의미로 해석된다.

3 دَعَا '초대하다' 동사 미완료 직설법, 접속법 변화

	أَنَا	أَنْتِ	أَنْتَ	هِيَ	هُوَ
직설법	أَدْعُو	تَدْعِينَ	تَدْعُو	تَدْعُو	يَدْعُو
접속법	أَدْعُوَ	تَدْعِي	تَدْعُوَ	تَدْعُوَ	يَدْعُوَ

4 تَقَابَلَ '만나다' 동사 미완료 직설법 변화

أَنَا	أَنْتِ	أَنْتَ	هِيَ	هُوَ
أَتَقَابَلُ	تَتَقَابَلِينَ	تَتَقَابَلُ	تَتَقَابَلُ	يَتَقَابَلُ

듣기 (정답은 본문 참조)

1

2

3

4

5

6

7

8

9

10

쓰기

1. 내가 토요일 저녁 식사에 너를 초대할 수 있을까?
(العشاء، السبت، هل، أدعوكَ، أن، إلى، يمكن، يوم)

2. 다음 수요일이 엄마 생신이야.
(ميلاد، أمّي، عيد، الأربعاء، القادم، يوم)

3. 난 너의 초청을 받아줄 수 있어. (أقبل، أن، دعوتك، يمكن)

4. 내 친구들이 내 생일 파티에 올 거야.
(حفلة، ميلادي، أصدقائي، عيد، سيحضر)

5. 매년 네가 잘 지내길 빌어. (وأنت، كل، بخير، عام)

회화 테스트

1 أريد أن أدعوكِ إلى حفلة عيد ميلادي.

나는 내 생일파티에 너(여)를 초대하고 싶어.

2 متى عيد ميلادك؟

네 생일이 언제야?

3 سأراك يوم الخميس في الحفلة، إن شاء الله.

목요일에 파티에서 만나자, 인샬라.

4 سيكون في انتظار صديقه في المدرسة.

그는 학교에서 그의 친구를 기다릴 것이다.

5 نتقابل في الساعة الخامسة والنصف.

우리는 5시 30분에 만난다.

연습문제

본문을 듣고 질문에 답하시오.

문제 1 متى تريد سميرة أن تدعو كمال إلى العشاء؟

.

문제 2 هل يمكن أن يقبل كمال دعوة سميرة؟

.

문제 3 أين ستكون سميرة في انتظار كمال؟

.

문제 4 빈칸에 들어갈 말로 알맞지 않은 것을 고르시오.

A : هَلْ تُوجَدُ مُنَاسَبَةٌ؟

B : نَعَمْ، الْغَدُ عِيدُ مِيلَادِي.

A : ________________!

B : هَلْ يُمْكِنُ أَنْ تَقْبَلَ دَعْوَتِي؟

A : طَبْعًا.

① مَبْرُوكٌ ② مَعَ الْأَسَفِ

③ عِيدُ مِيلَادِكِ سَعِيدٌ ④ كُلُّ عَامٍ وَأَنْتَ بِخَيْرٍ

문제 5 빈칸에 들어갈 말로 알맞은 것을 고르시오.

A : ______________ نَتَقَابَلُ؟

B : فِي السَّاعَةِ السَّادِسَةِ وَالنِّصْفِ.

A : أَرَاكِ يَوْمَ الْأَحَدِ، إِنْ شَاءَ اللهُ.

B : إِنْ شَاءَ اللهُ.

① بِكَمْ هَذَا
② مِنْ أَيْنَ
③ فِي أَيِّ سَاعَةٍ
④ هَلْ يُمْكَنُ أَنْ

제18과

فِي الْمَطَارِ

공항에서

학습 목표

- 여행관련 표현
  기원에 관한 표현
  يَبْدُو أَنّ 구문에 대한 이해

어휘

اَلثَّامِنَ عَشَرَ	제18의, 열여덟 번째의
جَوَازُ سَفَرِكَ	당신(남)의 여권
تَذْكِرَةٌ (ج. تَذَاكِرُ)	표, 티켓
طَائِرَةٌ (ج. طَائِرَاتٌ)	비행기
حَجَزْتَ	당신(남)은 ~을(를) 예약했다
دَرَجَةٌ سِيَاحِيَّةٌ	이코노미 클래스
مَقْعَدٌ (ج. مَقَاعِدُ)	좌석
بِجِوَارِ	~옆에
مَمَرٌّ	복도, 통로
فَقَطْ	오직, ~만
يَبْدُو أَنَّ	~인 것 같다
ثَقِيلَةٌ	무거운; 무겁다(여성형)
ضَعْ	놓으세요(명령형)
وَزْنٌ (ج. أَوْزَانٌ)	무게
أَقَلُّ مِنْ	~보다 적은
عِشْرِينَ	20, 스물(소유격, 목적격)

كِيلُو	킬로그램
مُشْكِلَةٌ (ج. مَشَاكِلُ)	문제
اِذْهَبْ	가세요(명령형)
بَوَابَةٌ	출구, 게이트
رَقْمٌ (ج. أَرْقَامٌ)	번호
اِرْكَبْ	타세요(명령형)
أَتَمَنَّى	나는 ~을(를) 바란다
رِحْلَةٌ (ج. رِحْلَاتٌ)	여행
نَافِذَةٌ (ج. نَوَافِذُ)	창문

본문

اَلْمُوَظَّفَةُ : مَرْحَبًا. جَوَازَ سَفَرِكَ وَتَذْكِرَةَ الطَّائِرَةِ مِنْ فَضْلِكَ.

어서 오십시오. 여권과 비행기 표를 주십시오.

مِين سُو : هَذِهِ هِيَ.

여기 있습니다.

اَلْمُوَظَّفَةُ : حَجَزْتَ تَذْكِرَةً بِدَرَجَةٍ سِيَاحِيَّةٍ. أَيَّ مَقْعَدٍ تُرِيدُ؟

이코노미 클래스 티켓을 예약하셨네요. 어떤 좌석을 원하십니까?

مِين سُو : أُرِيدُ مَقْعَدًا بِجِوَارِ الْمَمَرِّ.

통로 옆의 좌석을 원합니다.

اَلْمُوَظَّفَةُ : كَمْ حَقِيبَةً مَعَكَ؟

몇 개의 가방을 갖고 있습니까?

مِين سُو : مَعِي حَقِيبَةٌ وَاحِدَةٌ فَقَطْ.

가방은 한 개만 갖고 있습니다.

اَلْمُوَظَّفَةُ : يَبْدُو أَنَّهَا ثَقِيلَةٌ. ضَعْهَا هُنَا مِنْ فَضْلِكَ.

وَزْنُهَا أَقَلُّ مِنْ عِشْرِينَ كِيلُو. لاَ تُوجَدُ مُشْكِلَةٌ.

اِذْهَبْ إِلَى الْبَوَابَةِ رَقْمُ ١٠ وَارْكَبِ الطَّائِرَةَ فِي السَّاعَةِ الثَّالِثَةِ.

무거울 것 같은데요. 여기에 올려주십시오. 무게는 20kg 미만입니다.

문제는 없네요. 10번 게이트로 가십시오. 그리고 3시에 비행기를 타십시오.

مِين سُو : نَعَمْ. شُكْرًا جَزِيلاً.

알겠습니다. 매우 감사합니다.

اَلْمُوَظَّفَةُ : أَتَمَنَّى لَكَ رِحْلَةً سَعِيدَةً.

좋은 여행되시길 바랍니다.

문법

1 기원에 관한 표현 : أَتَمَنَّى لَكَ (لَكِ)

أَتَمَنَّى لَكَ (لَكِ) 는 '나는 (당신에게) ~하기를 빕니다'라는 의미이며, 상대방에게 좋은 일이 있기를 기원하는 표현으로서 뒤에 오는 목적어만 언급하고 أَتَمَنَّى لَكَ는 생략하여 말하기도 한다.

예 성공하시기 바랍니다. أَتَمَنَّى لَكِ التَّوْفِيقَ.

즐거운 여행되시길 바랍니다. أَتَمَنَّى لَكَ رِحْلَةً سَعِيدَةً.

2 بِدَرَجَةِ أَعْمَالٍ / بِدَرَجَةٍ سِيَاحِيَّةٍ : 이코노미 석으로 / 비즈니스 석으로

예 나는 이코노미석의 표를 예약하고 싶습니다. أُرِيدُ أَنْ أَحْجِزَ تَذْكِرَةً بِدَرَجَةٍ سِيَاحِيَّةٍ.

비즈니스석 표가 있습니까? هَلْ هُنَاكَ تَذْكِرَةٌ بِدَرَجَةِ أَعْمَالٍ؟

3 يَبْدُو أَنَّ + 목적격 명사(주어) 또는 접미인칭대명사 : ~ 인 것 같다

예 질문들이 어려웠던 것 같다. يَبْدُو أَنَّ الأَسْئِلَةَ كَانَتْ صَعْبَةً.

그것은 무거울 것 같다. يَبْدُو أَنَّهَا ثَقِيلَةٌ.

듣기 (정답은 본문 참조)

1

2

3

4

5

6

7

8

9

쓰기

1 비행기 표를 언제 예약하였습니까? (حجزت، الطائرة، متى، تذكرة)

2 그는 창가 옆의 좌석을 원합니다. (يريد، بجوار ، النافذة، مقعدا)

3 여권이 있습니까? (جواز ، هل، معك، سفرك)

4 9시에 비행기를 타십시오. (الساعة، الطائرة، اركبي، في، التاسعة)

5 즐거운 여행 되시길 바랍니다. (أتمنى، سعيدة، لكِ، رحلة)

회화 테스트

1 حجزتُ تذكرة بدرجة سياحية قبل أسبوع.

저는 일주일 전에 이코노미 클래스 티켓을 예약했습니다.

2 وزن الحقيبة أكثر من عشرين كيلو.

그 가방의 무게는 20kg 이상입니다.

3 أي مقعد تريدين؟

당신(여)은 어떤 좌석을 원하십니까?

4 معي حقيبتان.

저에게 가방이 두 개 있습니다.

5 أريد أن أحجز تذكرة طائرة للقاهرة.

저는 카이로행 비행기를 예약하고 싶습니다.

연습문제

본문을 듣고 질문에 답하시오.

문제 1 أيّ مقعد يريد مين سو؟

________________.

문제 2 كم حقيبة مع مين سو؟

________________.

문제 3 هل وزن حقيبة مين سو أكثر من عشرين كيلو؟

________________.

문제 4 빈칸에 들어갈 말로 알맞은 것을 고르시오.

A : مَعِي حَقِيبَةٌ وَاحِدَةٌ فَقَطْ.

B : ضَعْهَا هُنَا مِنْ فَضْلِكَ.

وَزْنُهَا ________ عِشْرِينَ كِيلُو. لاَ تُوجَدُ مُشْكِلَةٌ.

اِذْهَبْ إِلَى الْبَوَابَةِ رَقْمُ ١٠.

A : نَعَمْ. شُكْرًا جَزِيلاً.

① أَطْوَلَ مِنْ　② أَقْصَرُ مِنْ

③ أَقَلُّ مِنْ　④ أَحْدَثُ مِنْ

문제 5 빈칸에 들어갈 말로 알맞은 것을 고르시오.

A : حَجَزْتَ تَذْكِرَةً بِدَرَجَةٍ سِيَاحِيَّةٍ. أيَّ مَقْعَدٍ تُرِيدُ؟

B : أُرِيدُ مَقْعَدًا بِجِوَارِ الْمَمَرِّ.

A : اِذْهَبْ إِلَى الْبَوَابَةِ رَقْمُ ٧ وَارْكَبِ الطَّائِرَةَ فِي السَّاعَةِ الرَّابِعَةِ.

B : شُكْرًا جَزِيلاً.

A : ________________.

① عِنْدَكَ جَوَازُ السَّفَرِ وَتَذْكِرَةُ الطَّائِرَةِ

② أَتَمَنَّى لَكَ رِحْلَةً سَعِيدَةً.

③ حَجَزْتُهَا قَبْلَ أُسْبُوعٍ.

④ أُرِيدُ مَقْعَدًا بِجِوَارِ النَّافِذَةِ.

제19과

فِي الْفُنْدُقِ

호텔에서

학습 목표

- 숙박 예약 관련 표현 이해
  관계대명사에 대한 이해
  حَجَزَ 동사 미완료 직설법과 접속법 변화

어휘

اَلتَّاسِعَ عَشَرَ	제19의, 열아홉번 번째의
خَدْمَةٌ (ج. خَدَمَاتٌ)	서비스, 봉사
أَيَّ خِدْمَةٍ؟	무엇을 도와드릴까요?
أَحْجِزَ	나는 ~을(를) 예약한다
غُرْفَةٌ (ج. غُرَفٌ)	방
نَوْعٌ (ج. أَنْوَاعٌ)	종류
اَلَّتِي	관계대명사(3인칭 여성 단수)
سَرِيرٌ (ج. أَسِرَّةٌ)	침대
لَيْلَةٌ (ج. لَيَالٍ)	밤
إِقَامَةٌ	체류, 숙박, 거주
أُجْرَةٌ (ج. أُجَرٌ)	요금
سَبْعُونَ	70, 일흔
دُولَارٌ (ج. دُولَارَاتٌ)	달러
حَضْرَةٌ	귀하, 선생님

لِمُدَّةِ	~동안
شَخْصٌ (ج. أَشْخَاصٌ)	사람
حَمَّامٌ	욕실
عِنْدَكُمْ	당신들(남)에게 ~이 있다
وَاسِعَةٌ	넓은; 넓다(여성형)

본문

مُوَظَّفُ الْفُنْدُقِ : أَهْلاً وَسَهْلاً. أَيَّ خِدْمَةٍ؟

어서 오세요. 무엇을 도와드릴까요?

هَان سُو : أُرِيدُ أَنْ أَحْجِزَ غُرْفَةً مِنْ فَضْلِكَ.

방을 예약하고 싶습니다.

مُوَظَّفُ الْفُنْدُقِ : مَا نَوْعُ الْغُرْفَةِ الَّتِي تُرِيدُهَا؟

어떤 종류의 방을 원하십니까?

هَان سُو : أُرِيدُ غُرْفَةً بِسَرِيرٍ وَاحِدٍ.

침대 하나가 있는 방(싱글룸)을 원합니다.

مُوَظَّفُ الْفُنْدُقِ : كَمْ لَيْلَةً تُرِيدُ الإِقَامَةَ؟

며칠 밤을 머무실 겁니까?

هَان سُو : ثَلاَثُ لَيَالٍ. مَا أُجْرَةُ هَذِهِ الْغُرْفَةِ؟

3일이요. 이 방의 요금은 얼마입니까?

مُوَظَّفُ الْفُنْدُقِ : أُجْرَةُ الْغُرْفَةِ سَبْعُونَ دُولَارًا فِي اللَّيْلَةِ الْوَاحِدَةِ.

그 방 요금은 1박에 70달러입니다.

هَان سُو : طَيِّبٌ. سَأَحْجِزُهَا.

좋습니다. 예약하겠습니다.

مُوَظَّفُ الْفُنْدُقِ : مَا اسْمُ حَضْرَتِكَ؟

성함이 어떻게 되십니까?

هَان سُو : اِسْمِي هَان سُو.

제 이름은 한수입니다.

문법

1 관계대명사

관계대명사에는 남성형 اَلَّذِي 와 여성형 اَلَّتِي 가 있다. 관계대명사 앞에 나오는 선행사의 성에 따라 남성형, 또는 여성형을 사용한다. 관계대명사 절의 주어가 선행사와 일치하지 않을 경우 선행사는 관계대명사 절에서 반드시 대명사로 표시해 주어야 한다.

예 هَلْ تَعْرِفُ الطَّالِبَ الَّذِي يَدْرُسُ اللُّغَةَ الْعَرَبِيَّةَ؟

아랍어를 공부하는 그 학생을 아십니까?

قَابَلْتُ الْمُوَظَّفَةَ الَّتِي تَعْمَلُ فِي هَذِهِ الشَّرِكَةِ.

나는 이 회사에서 일하는 직원(여)을 만났다.

هَذِهِ هِيَ الصُّورَةُ الَّتِي أَخَذْتُهَا مَعَ مُحَمَّدٍ.

이것이 바로 무함마드와 찍은 사진입니다.

2 حَجَزَ 동사 미완료 직설법, 접속법 변화

	أَنَا	أَنْتِ	أَنْتَ	هِيَ	هُوَ
직설법	أَحْجِزُ	تَحْجِزِينَ	تَحْجِزُ	تَحْجِزُ	يَحْجِزُ
접속법	أَحْجِزَ	تَحْجِزِي	تَحْجِزَ	تَحْجِزَ	يَحْجِزَ

듣기 (정답은 본문 참조)

1

2

3

4

5

6

7

8

9

10

쓰기

1 침대 두 개인 방을 예약하고 싶습니다.
(بسريرين، أن، غرفة، أحجز، أريد)

2 그 방에는 욕실이 없습니다. (يوجد، في، حمّام، الغرفة، لا)

3 며칠 동안 암만에서 머물기 원하시나요?
(كم، عمّان، الإقامة، في، تريد، يوما)

4 나는 이 방을 내 이름으로 예약하겠습니다.
(هذه، سأحجز، باسمي، الغرفة)

5 넓은 방 있습니까? (غرفة، هل، عندكم، واسعة)

회화 테스트

1. هل يمكن أن أحجز غرفة من يوم الاثنين القادم لمدة ثلاثة أيام؟

다음주 월요일부터 3일간 방을 예약할 수 있습니까?

2. أريد غرفة لشخص واحد بحمام.

욕실을 갖춘 1인용 방을 원합니다.

3. كم ليلة تريدين الإقامة؟

며칠 밤을 머무실 겁니까?

4. كم أجرة الغرفة لليوم الواحد؟

하루에 방 요금은 얼마입니까?

5. أجرة الغرفة ثمانون دولارا في الليلة الواحدة.

그 방 요금은 1박에 80달러입니다.

연습문제

본문을 듣고 질문에 답하시오.

문제 1 ما نوع الغرفة التي يريدها هان سو؟

.

문제 2 كم ليلة يريد هان سو الإقامة؟

.

문제 3 ما أجرة هذه الغرفة في الليلة الواحدة؟

.

문제 4 빈칸에 들어갈 말로 알맞은 것을 고르시오.

A : أَهْلاً وَسَهْلاً. أَيَّ خِدْمَةٍ؟

B : أُرِيدُ أَنْ أَحْجِزَ غُرْفَةً مِنْ فَضْلِكَ.

A : مَا نَوْعُ الْغُرْفَةِ ______ تُرِيدُهَا؟

B : أُرِيدُ غُرْفَةً بِسَرِيرٍ وَاحِدٍ.

① الَّذِي ② الَّتِي ③ الَّذِينَ ④ اللَّواتِي

문제 5 빈칸에 들어갈 말로 알맞은 것을 고르시오.

A : ________ تُرِيدُ الإِقَامَةَ؟

B : ثَلاَثُ لَيَالٍ. مَا أُجْرَةُ هَذِهِ الْغُرْفَةِ؟

A : أُجْرَةُ الْغُرْفَةِ سَبْعُونَ دُولاَرًا فِي اللَّيْلَةِ الْوَاحِدَةِ.

B : طَيِّبٌ. سَأَحْجِزُهَا.

① كَمْ لَيْلَةً ② أَيَّ خِدْمَةٍ

③ مَا غُرْفَةُ ④ بِكَمْ هَذَا

제20과

فِي الْبَنْكِ

은행에서

학습 목표

- 환전과 관련된 표현
  هُنَاكَ + 비한정 명사에 대한 이해
  기수사(11~100)에 대한 이해
  전치사 لِـ 의 용법

어휘

اَلْعِشْرُونَ	제20의, 스무 번째의
أَصْرِفَ	나는 ~을(를) 바꾼다, 환전한다(접속법)
دُولاَرٌ (ج. دُولاَرَاتٌ)	달러
سِعْرٌ (ج. أَسْعَارٌ)	값, 가격
أَمْرِيكِيٌّ	미국의, 미국인
يُسَاوِي	~와 같다, ~에 해당되다
اِصْرِفْ	환전해주세요(명령형)
مِئَةٌ، مِائَةٌ (ج. مِئَاتٌ)	100, 일백
أَرْبَعُمِئَةٍ	400, 사백
طَلَبٌ (ج. طَلَبَاتٌ)	신청서, 요청서
أَمْلأُ	나는 ~을(를) 써넣다, 작성하다
صَرْفٌ	환전
اُكْتُبْ	쓰세요(명령형)
مَبْلَغٌ (ج. مَبَالِغُ)	액수, 금액
أَكِّدْ	확인해보세요(명령형)
سَيِّدٌ (ج. سَادَةٌ)	~씨, 선생

عُمْلَةٌ (ج. عُمْلاَتٌ)	화폐
اَلْوُون	원(화폐 단위)
وَرَقَةٌ نَقْدِيَّةٌ	지폐
أَلْفٌ (ج. آلاَفٌ)	1000, 천
شَكْلٌ (ج. أَشْكَالٌ)	형태, 모습
جُنَيْهٌ (ج. جُنَيْهَاتٌ)	파운드

본문

اَلْمُوَظَّفُ : أَيَّ خِدْمَةٍ؟

무엇을 도와드릴까요?

مِين سُو : أُرِيدُ أَنْ أَصْرِفَ الدُّولاَرَاتِ.

كَمْ سِعْرُ الدُّولاَرِ الأَمْرِيكِيِّ الْيَوْمَ؟

달러를 환전하고 싶습니다. 오늘 미국 달러 값은 얼마입니까?

اَلْمُوَظَّفُ : اَلدُّولاَرُ الْوَاحِدُ الْيَوْمَ يُسَاوِي أَرْبَعَةَ دَنَانِيرَ.

오늘 1달러는 4디나르입니다.

مِين سُو : اِصْرِفْ لِي مِائَةَ دُولاَرٍ مِنْ فَضْلِكَ.

100달러를 바꿔주십시오.

اَلْمُوَظَّفُ : لَكَ أَرْبَعُمِئَةِ دِينَارٍ.

400디나르 받으십시오.

مِين سُو : هَلْ هُنَاكَ طَلَبٌ أَمْلأُهُ لِلصَّرْفِ؟

환전하기 위해 내가 작성할 신청서가 있습니까?

اَلْمُوَظَّفُ : نَعَمْ. اُكْتُبْ اسْمَكَ وَرَقْمَ جَوَازِ سَفَرِكَ

وَالْمَبْلَغَ مِنْ فَضْلِكَ.

네. 당신의 이름, 여권번호, 금액을 써주십시오.

مِين سُو : طَيِّبٌ. هَذَا هُوَ.

좋습니다. 여기 있습니다.

اَلْمُوَظَّفُ : أَكِّدِ الْمَبْلَغَ مِنْ فَضْلِكَ.

يَا سَيِّدِي، مَا هِيَ الْعُمْلَةُ الْكُورِيَّةُ؟

금액을 확인해보십시오. 선생님, 한국화폐는 무엇입니까?

مِين سُو : هِيَ الْوُون. هَذِهِ وَرَقَةٌ نَقْدِيَّةٌ بِأَلْفِ وُون.

'원'입니다. 이것은 천원짜리 지폐입니다.

اَلْمُوَظَّفُ : شَكْلُهَا جَمِيلٌ جِدًّا.

그 모양이 매우 멋지네요.

문법

1 هُنَاكَ + 비한정 명사에 대한 이해

هُنَاكَ는 원래 '저기(에)'라는 장소부사로 활용되나, 뒤에 비한정 명사가 올 경우 '~이 있다'라는 의미로 쓰인다.

예 교실에는 선생님과 학생들이 있다. هُنَاكَ مُدَرِّسٌ وَطُلَّابٌ فِي الْفَصْلِ.

내 집 앞에 자동차 한 대가 있다. هَنَاكَ سَيَّارَةٌ أَمَامَ بَيْتِي.

2 기수사(11~100)에 대한 이해

11부터 99까지의 수사는 비한정 단수 목적격 명사와 함께 사용한다. 11에서 19까지의 수사는 목적격을 취한다.

예 10권의 책 عَشَرَةُ كُتُبٍ

50권의 책 خَمْسُونَ كِتَابًا

19자루의 연필 تِسْعَةَ عَشَرَ قَلَمًا

11	أَحَدَ عَشَرَ	20	عِشْرُونَ
12	اِثْنَا عَشَرَ	30	ثَلَاثُونَ
13	ثَلَاثَةَ عَشَرَ	40	أَرْبَعُونَ
14	أَرْبَعَةَ عَشَرَ	50	خَمْسُونَ

15	خَمْسَةَ عَشَر	60	سِتُّونَ
16	سِتَّةَ عَشَر	70	سَبْعُونَ
17	سَبْعَةَ عَشَر	80	ثَمَانُونَ
18	ثَمَانِيَةَ عَشَر	90	تِسْعُونَ
19	تِسْعَةَ عَشَر	100	مِئَةٌ (مِائَةٌ)

3 전치사 لِـ...의 용법

전치사 لِـ...는 동명사와 함께 쓰이면 '~하기 위해'의 의미를 갖는다.

예 ذَهَبَ أَحْمَدُ إِلَى السُّوقِ لِشِرَاءِ دَجَاجَةٍ.

아흐마드는 닭을 사기 위해 시장에 갔다.

يَذْهَبُ الطُّلَّابُ إِلَى الْمَدْرَسَةِ لِلدِّرَاسَةِ.

학생들은 공부하기 위해 학교에 간다.

듣기 (정답은 본문 참조)

1

2

3

4

5

6

7

8

9

10

11

쓰기

1 100달러를 환전하고 싶습니다. (أصرف، أن، دولار، أريد، مائة)

2 제가 어디에서 달러를 환전할 수 있습니까?
(يمكن، الدولارات، أصرف، أين، أن)

3 오늘 1달러는 1100원입니다.
(يساوي، وون، الدولار، ألف، اليوم، ومائة، الواحد)

4 환전하기 위해 작성할 신청서가 있습니다.
(هناك، للصرف، تملأه، طلب)

5 환전하고자 하는 금액을 확인해보십시오.
(الذي، تصرفه، تريد، أكّد، أن، المبلغ)

회화 테스트

1 اصرف لي مائة ألف وون إلى الجنيه المصري، من فضلك.

십만 원을 이집트 파운드로 환전해주세요.

2 كم سعر الدينار الأردني اليوم؟

오늘 요르단 디나르 값은 얼마입니까?

3 أكتب اسمي ورقم جواز سفري والمبلغ في الطلب.

나는 신청서에 내 이름과 내 여권번호, 금액을 씁니다.

4 هذه ورقة نقدية بخمسين دينارا تونسيًّا.

이것은 50 튀니지 디나르짜리 화폐입니다.

5 ما هي العملة المصرية؟

이집트 화폐는 무엇입니까?

연습문제

본문을 듣고 질문에 답하시오.

문제 1 ماذا يريد مين سو أن يصرف؟

.

문제 2 كم سعر الدولار الأمريكي اليوم؟

.

문제 3 هل هناك طلب يملأه للصرف؟

.

문제 4 빈칸에 들어갈 말로 알맞은 것을 고르시오.

A : أُرِيدُ أَنْ أَصْرِفَ الدُّولاَرَاتِ.

كَمْ سِعْرُ الدُّولاَرِ الأَمْرِيكِيِّ الْيَوْمَ؟

B : اَلدُّولاَرُ الْوَاحِدُ الْيَوْمَ يُسَاوِي أَرْبَعَةَ دَنَانِيرَ.

A : ________ لِي مِئَةَ دُولاَرٍ مِنْ فَضْلِكَ.

B : لَكَ أَرْبَعُمِئَةِ دِينَارٍ.

① أُكْتُبْ ② أَكِّدْ ③ اِصْرِفْ ④ اِرْكَبْ

문제 5 빈칸에 들어갈 말로 알맞은 것을 고르시오.

A : أَكِّدِ الْمَبْلَغَ مِنْ فَضْلِكَ.

يَا سَيِّدِي، مَا هِيَ ______ الْكُورِيَّةُ؟

B : هِيَ الْوُون. هَذِهِ وَرَقَةٌ نَقْدِيَّةٌ بِأَلْفِ وُون.

A : شَكْلُهَا جَمِيلٌ جِدًّا.

① اللُّغَةُ ② الْعُمْلَةُ

③ الصُّورَةُ ④ الْبِطَاقَةُ

الخطوات الأولى للغة العربية

연습문제 정답

제1과 아랍어 자음(1)

문제 2

1. ش + ر + ب ← شرب
2. أ + ج + ب ← أجب
3. ح + د + ث ← حدث
4. ا + د + ر + س ← ادرس
5. أ + س + ت + ا + ذ ← أستاذ
6. ت + ب + ش + ر ← تبشر

제2과 아랍어 자음(2)

문제 2

1. ك + ي + ف ← كيف
2. ق + ل + م ← قلم
3. م + ا + ذ + ا ← ماذا
4. و + ا + ج + ب ← واجب
5. ص + غ + ي + ر ← صغير
6. ص + ن + د + و + ق ← صندوق

제3과 아랍어 모음

문제 2

1. ط + ا + ل + ب ← طالب
2. ت + ل + م + ي + ذ ← تلميذ
3. ق + ا + م + و + س ← قاموس
4. ط + و + ي + ل ← طويل
5. م + د + ر + س ← مدرس
6. ج + ا + م + ع + ي ← جامعي

제4과 태양문자와 월문자

문제 1

목적격	소유격	주격	بَيْتٌ
بَيْتًا	بَيْتٍ	بَيْتٌ	
دَرْسًا	دَرْسٍ	دَرْسٌ	دَرْسٌ
خَبَرًا	خَبَرٍ	خَبَرٌ	خَبَرٌ
دِرَاسَةً	دِرَاسَةٍ	دِرَاسَةٌ	دِرَاسَةٌ
صَدِيقًا	صَدِيقٍ	صَدِيقٌ	صَدِيقٌ

목적격	소유격	주격	
بَيْتًا	بَيْتٍ	بَيْتٌ	بَيْتٌ
فَرِيقًا	فَرِيقٍ	فَرِيقٌ	فَرِيقٌ
زَيْتًا	زَيْتٍ	زَيْتٌ	زَيْتٌ
قَمَرًا	قَمَرٍ	قَمَرٌ	قَمَرٌ
جَامِعَةً	جَامِعَةٍ	جَامِعَةٌ	جَامِعَةٌ

문제 2

목적격	소유격	주격	
اَلْبَرِيدَ	اَلْبَرِيدِ	اَلْبَرِيدُ	بَرِيدٌ
اَلزُّبْدَ	اَلزُّبْدِ	اَلزُّبْدُ	زُبْدٌ
اَلرَّجُلَ	اَلرَّجُلِ	اَلرَّجُلُ	رَجُلٌ
اَلشَّمْسَ	اَلشَّمْسِ	اَلشَّمْسُ	شَمْسٌ
اَلصُّورَةَ	اَلصُّورَةِ	اَلصُّورَةُ	صُورَةٌ
اَلْغُرْفَةَ	اَلْغُرْفَةِ	اَلْغُرْفَةُ	غُرْفَةٌ
اَللَّيْلَةَ	اَللَّيْلَةِ	اَللَّيْلَةُ	لَيْلَةٌ
اَلْمَطَارَ	اَلْمَطَارِ	اَلْمَطَارُ	مَطَارٌ
اَلْيَوْمَ	اَلْيَوْمِ	اَلْيَوْمُ	يَوْمٌ

문제 3

<보기> bābun	بَابٌ	**남성명사, 주격**
darsan	دَرْسًا	남성명사, 목적격
shamsin	شَمْسٍ	여성명사 소유격
kitābun	كِتَابٌ	남성명사, 주격
qahwatan	قَهْوَةً	여성명사, 목적격
waraqatin	وَرَقَةٍ	여성명사 소유격
miṣru	مِصْرُ	여성명사 주격
waladun	وَلَدٌ	남성명사, 주격
ʾumin	أُمٍّ	여성명사 소유격
qamarun	قَمَرٌ	남성명사, 주격

제5과 안녕하세요

쓰기

1. السلام عليكم.
2. كيف حالكَ؟
3. أنا بخير، والحمد لله.
4. ما اسمكِ؟
5. صباح الخير.

연습문제

1. وَعَلَيْكُمُ السَّلَام .
2. صَبَاحَ النُّور.
3. أَنَا بِخَيْر، وَالْحَمْدُ لله.
4. ② مَا اِسْمُكِ
5. ③ مَسَاءَ الْخَيْر

제6과 나의 가족

쓰기

1. هَلْ والدك طبيب؟
2. لا، والدي مُدَرِّسٌ.
3. أُخْتِي طَالِبَةٌ فِي الْمَدْرَسَةِ الثَّانَوِيَّةِ.
4. نعم، عندي أخت.
5. أنا فريد من مصر.

연습문제

1. هَذِهِ صُورَةُ أُسْرَةِ سَمِير.
2. نَعَمْ، وَالِدُهُ مُهَنْدِس.
3. اِسْمُهَا فَرِيدَة.
4. ① مَنْ هَذَا
5. ② طَالِبَة

제7과 이것은 공책입니다

쓰기

1. ما هذه؟
2. هذا دفتر جديد.
3. هل هذه حقيبة جديدة؟
4. لا، هذه حقيبة قديمة.
5. أين سيارتك؟

연습문제

1. نَعَمْ، اَلدَّفْتَرُ جَدِيد.
2. لَا. اَلْحَقِيبَةُ قَدِيمَة.
3. كِتَابُهَا فِي الْحَقِيبَة.
4. ③ سيارة
5. ④ هَلْ هَذِهِ حَقِيبَةٌ جَدِيدَةٌ؟

쓰기

1. هل أنت مصرية؟
2. كيف الجو في كوريا اليوم؟
3. الجو بارد جدا ومثلج في الشتاء.
4. الجو دافئ ولطيف في الربيع.
5. فصل الصيف حار وممطر كثيرا.

연습문제

1. اَلْجَوُّ بَارِدٌ في فَصْلِ الشِّتَاءِ وَالثُّلُوجُ كَثِيرَة.
2. اَلْجَوُّ دَافِئٌ وَلَطِيفٌ فِي الرَّبِيع.
3. اَلْجَوّ حَارٌّ جِدًّا وَالأَمْطارُ كَثِيرَة.
4. ③ من أين أنتِ
5. ① كَيْفَ الْجَوُّ في الرَّبيعِ

제9과 오늘은 월요일입니다

쓰기

1. ماذا تفعل اليوم؟
2. سأذهب لمشاهدة فيلم جديد.
3. أُخْتِي طَالِبَةٌ فِي الْمَدْرَسَةِ الثَّانَوِيَّةِ.
4. سألعب كرة القدم مع صديقي غدا.
5. تذهب إلى السينما في يوم الأحد.

연습문제

1. ذَهَبَ إِلَى السِّينِمَا.
2. سُومِي سَتَلْعَبُ تِنِسَ الطَّاوِلَةِ الْيَوْم.
3. تَلْعَبُ سُومِي تِنِسَ الطَّاوِلَةِ مَعَ خَالِد فِي يَوْمِ الْأَحَدِ.
4. ② مَاذَا فَعَلْتَ
5. ③ كم مرّة

쓰기

1. هل تريد أن تشتري قميصا أبيض؟
2. ما رأيك في هذه الحقيبة السوداء؟
3. لا تعجبني هذه السيارة.
4. ولكن هذا الحذاء كبير عليّ.
5. ليس عندي قميص أصغر.

연습문제

1. تُرِيدُ لَيْلَى أَنْ تَشْتَرِيَ قَمِيصًا.
2. لَا. لاَ يُعْجِبُها الْقَمِيصُ الْأَسْوَد.
3. بِعَشَرَةِ دَنَانِيرَ.
4. ② تَعْجِبُنِي
5. ③ أَعْطِينِي قَمِيصًا أَكْبَرَ

제11과 나는 축구를 좋아합니다

쓰기

1. هوايتي قراءة الكتب.
2. أحبّ أن أشاهد الأفلام العربية.
3. أيّ نوع من الكتب تحبّ؟
4. ألعب كرة القدم مع أصدقائي في نهاية الأسبوع.
5. مع من تذهبين لمشاهدة الأفلام؟

연습문제

1. تُشَاهِدُ مَرْيَمُ فِيلْمًا فِي السِّينَمَا عَادَةً فِي نِهَايَةِ الْأُسْبُوعِ.
2. هِوَايَةُ سَالِمٍ كُرَةُ الْقَدَمِ.
3. تُحِبُّ مَرْيَمُ كُلَّ أَنْوَاعِ الْأَفْلَامِ، خَاصَّةً الْأَفْلَامَ الْعَرَبِيَّةَ.
4. ④ أَيَّ نَوْعٍ مِنَ الْأَفْلَامِ
5. ③ اَلْقَمِيصُ الْأَسْوَدُ

쓰기

1. أذهب إلى الجامعة بالأوتوبيس.
2. هل محطة المترو بعيدة عن هنا؟
3. هل يمكن أن أذهب إلى البنك على القدم؟
4. أنزل في المحطة القادمة.
5. أين محطة قريبة من هنا؟

연습문제

1. يُمْكِنُ أَنْ يَذْهَبَ إِلَى سُوقِ " نَام دَاي مُون" بِالْمِتْرُو.
2. نَعَمْ، سُوقُ " نَام دَاي مُون" بَعِيدَةٌ عَنْ هُنَا.
3. يَنْزِلُ أَحْمَدُ فِي مَحَطَّةِ "هُوي هُيون".
4. ④ بِالْمَحَطَّةِ
5. ① اِنْزِلْ

제13과 지금 몇 시입니까?

쓰기

1. تذهب ليلى إلى المدرسة في الساعة الثامنة صباحا.
2. يقوم محمد من النوم عادة في السادسة صباحا.
3. في أي ساعة ستحضر إلى المدرسة غدا؟
4. يرجع في الساعة السابعة والنصف تقريبا.
5. أنام في الساعة الحادية عشرة ليلا.

연습문제

1. يَقُومُ فَرِيد مِنَ النَّوْمِ عَادَةً فِي السَّاعَةِ السَّادِسَةِ صَبَاحًا.
2. يَحْضُرُ إِلَى الْمَدْرَسَةِ فِي السَّاعَةِ الثَّامِنَةِ إِلاَّ ثُلْثًا.
3. يَرْجِعُ إِلَى الْبَيْتِ مِنَ الْمَدْرَسَةِ فِي الْخَامِسَةِ وَالنِّصْفِ تَقْرِيبًا.
4. ② كَمِ السَّاعَةُ
5. ③ الثَّامِنَةِ وَالنِّصْفِ

제14과 무엇을 드시겠습니까?

쓰기

1. يأكل خالد الكباب والسلطة في المطعم العربي.
2. هل تريد القهوة أم الشاي؟
3. طبق اليوم هو السمك وشوربة الدجاج.
4. هل ستأكلين الطعام الكوربي مساء اليوم؟
5. أريد أن آكل شيئا جديدا اليوم.

연습문제

1. يُرِيدُ أَنْ يَأْكُلَ الْكَبَابَ وَشُورْبَةَ الْخُضَر.
2. طَبَقُ الْيَوْم خَرُوفٌ مَشْوِيٌّ مَعَ الْأُرْزِ.
3. لَا. يُرِيدُ أَحْمَدُ طَبَقَ الْيَوْمِ.
4. ② مِنْ فَضْلِكَ
5. ② الْكَبَابَ

제15과 여보세요

쓰기

1. حسن غير موجود الآن في البيت.
2. مع من تريد أن تتكلم؟
3. عندها تذاكر معرض السيارات.
4. هيا نذهب معا إلى معرض الكتاب غدا.
5. سأتصل بعد ساعة مرة أخرى.

연습문제

1. لَا. هُوَ غَيْرُ مَوْجُودٍ الْآنَ.
2. يَرْجِعُ بَعْدَ سَاعَةٍ، إِنْ شَاءَ اللهُ.
3. يُرِيدُ حَسَن أَنْ يَذْهَبَ إِلَى مَعْرِضِ الْكِتَابِ مَعَ عَلِي.
4. ① مَنْ يَتَكَلَّمُ
5. ④ مَعَ الْأَسَفِ

제16과 병원에서

쓰기

1. منذ متى تشعر بألم في بطنك؟
2. عندي صداع وقيء قليلا.
3. يفحص الطبيب صدر حامد بالسماعة.
4. ارجع بعد ثلاثة أيّام مرّة أخرى.
5. خذ هذا الدواء بعد الأكل,

연습문제

1. لَا. يَشْعُرُ حَامِد بِأَلَمٍ فِي بَطْنِهِ.
2. لَا. لَيْسَ عِنْدَهُ صُدَاع.
3. يَأْخُذُ حَامِد الدَّوَاءَ ثَلَاثَ مَرَّاتٍ فِي الْيَوْم.
4. ④ مَاذَا عِنْدِي
5. ③ كَمْ مَرَّةً

제17과 생일 축하합니다

쓰기

1. هل يمكن أن أدعوكَ إلى العشاء يوم السبت؟
2. يوم الأربعاء القادم عيد ميلاد أمّي.
3. يمكن أن أقبل دعوتك.
4. سيحضر أصدقائي حفلة عيد ميلادي.
5. كل عام وأنت بخير.

연습문제

1. تُرِيدُ سَمِيرَة أَنْ تَدْعُوَ كَمَال إِلَى الْعَشَاءِ يَوْمَ الْأَحَدِ الْقَادِم.
2. نَعَمْ. يُمْكِنُ أَنْ يَقْبَلَ دَعْوَةَ سَمِيرَة.
3. سَتَكُونُ سَمِيرَة فِي انْتِظَارِ كَمَال فِي مَطْعَمِ "سَلَامٌ".
4. ② مَعَ الْأَسَفِ
5. ③ فِي أَيِّ سَاعَةٍ

쓰기

1. متى حجزت تذكرة الطائرة؟
2. يريد مقعدا بجوار النافذة.
3. هل معك جواز السفر؟
4. اركبي الطائرة في الساعة التاسعة.
5. أتمنى لكِ رحلة سعيدة.

연습문제

1. يُرِيدُ مِين سُو مَقْعَدًا بِجِوَارِ الْمَمَرّ.
2. مَعَهُ حَقِيبَةٌ وَاحِدَةٌ.
3. لَا. وَزْنُهَا أَقَلُّ مِنْ عِشْرِينَ كِيلُو.
4. ③ أَقَلُّ مِنْ
5. ② أَتَمَنَّى لَكَ رِحْلَةً سَعِيدَةً

제19과 호텔에서

쓰기

1. أريد أن أحجز غرفة بسريرين.
2. لا يوجد حمّام في الغرفة.
3. كم يوما تريد الإقامة في عمّان؟
4. سأحجز هذه الغرفة باسمي.
5. هل عندكم غرفة واسعة؟

연습문제

1. يُرِيدُ هَان سُو غُرْفَةً بِسَرِيرٍ وَاحِد.
2. يُرِيدُ هَان سُو الْإِقَامَةَ ثَلَاثَ لَيَالٍ.
3. أُجْرَةُ الْغُرْفَةِ سَبْعُونَ دُولَارًا فِي اللَّيْلَةِ الْوَاحِدَة.
4. ② الَّتِي
5. ① كَمْ لَيْلَةً

제20과 은행에서

쓰기

1. أريد أن أصرف مائة دولار.
2. أين يمكن أن أصرف الدولارات؟
3. الدولار الواحد اليوم يساوي ألف ومائة وون.
4. هناك طلب تملأه للصرف.
5. أكّد المبلغ الذي تريد أن تصرفه.

연습문제

1. يُرِيدُ مِين سُو أَنْ يَصْرِفَ الدُّولاَرَاتِ.
2. اَلدُّولاَرُ الْوَاحِدُ الْيَوْمَ يُسَاوِي أَرْبَعَةَ دَنَانِيرَ.
3. نَعَمْ، هُنَاكَ طَلَبٌ يَمْلَأُهُ لِلصَّرْف.
4. ③ اِصْرِفْ
5. ② الْعُمْلَةُ

아랍어 첫걸음

초판 1쇄 발행 2017년 2월 21일
초판 2쇄 발행 2026년 3월 16일

지은이 윤은경
발행인 박정식
기획 신선호
편집장 장혜정
도서편집 하미리
디자인 고지연
출판행정 김가은
경영기획 김세희
재무회계 곽순석
캐릭터 김세원
발행처 한국외국어대학교 지식출판콘텐츠원
02450 서울특별시 동대문구 이문로 107
전화 02)2173-2494~7
FAX 02)2173-3363
홈페이지 http://press.hufs.ac.kr
전자우편 press@hufs.ac.kr
출판등록 제6-6호(1969. 4. 30)
인쇄·제본 (주)케이프린텍 031)949-6885

ISBN 979-11-5901-178-8 13790 **정가** 22,000원

*잘못된 책은 교환하여 드립니다.

HU:iNE은 한국외국어대학교 지식출판원의 어학도서, 사회과학도서, 지역학 도서 Sub Brand이다. 한국외대의 영문명인 HUFS, 현명한 국제전문가 양성(International +Intelligent)의 의미를 담고 있으며, 휴인(携引)의 뜻인 '이끌다, 끌고 나가다'라는 의미처럼 출판계를 이끄는 리더로서, 혁신의 이미지를 담고 있다.

이 책의 음원(mp3)은 한국외국어대학교 지식출판원 홈페이지(press.hufs.ac.kr) – 게시판 – 자료실에서 다운받아 사용하시기 바랍니다.